全国教育科学"十二五"规划课题（FHB150482）

"幼儿园精粹管理理论建构与实践探索研究"成果

U0659555

幼儿园精粹管理

史勇萍　主编

北京师范大学出版集团
BEIJING NORMAL UNIVERSITY PUBLISHING GROUP
北京师范大学出版社

图书在版编目(CIP)数据

幼儿园精粹管理 / 史勇萍主编. —北京：北京师范大学出版社，2016.11(2023.5重印)
ISBN 978-7-303-21494-5

Ⅰ.①幼… Ⅱ.①史… Ⅲ.①幼儿园—管理 Ⅳ.①G617

中国版本图书馆 CIP 数据核字(2016)第 265033 号

图书意见反馈 gaozhifk@bnupg.com 010-58805079
营销中心电话 010-58802181 58805532

出版发行：北京师范大学出版社 www.bnup.com
　　　　　北京市西城区新街口外大街 12-3 号
　　　　　邮政编码：100088
印　　刷：天津旭非印刷有限公司
经　　销：全国新华书店
开　　本：787 mm×1092 mm 1/16
印　　张：15.5
字　　数：300 千字
版　　次：2016 年 11 月第 1 版
印　　次：2023 年 5 月第 8 次印刷
定　　价：39.00 元

策划编辑：罗佩珍　　　　责任编辑：刘　畅
美术编辑：焦　丽　　　　装帧设计：锋尚设计
责任校对：陈　民　　　　责任印制：马　洁

编委会

主　编：史勇萍

编　委：陈文卿　　杨　华　李　静

　　　　陈扬梅　　王　赟

　　香港五常法协会于 1999 年得到中国香港特别行政区政府拨款资助而成立，推广本人创立的五十点"五常法"，过往 17 年中，已培训了近百间幼稚园及小、中、大学教师，并创立了香港五常法幼稚园，以作示范单位。该会亦于 2000 年获得优质教育基金资助，向 80 多所中小学校及幼儿园推广"优质教育五常法"，几年前亦惠及深圳市莲花北幼儿园。

　　深圳市莲花北幼儿园史勇萍园　积累多年幼教实践经验，归纳而写成这本内容丰富而实用的《幼儿园精粹管理》，本人表示万分的敬重和欣赏。

　　2006 年，本人以"五常法"为基础，并融合丰田式"精益管理"的理念，创出共有五十项要点的"精益五常"，作为协会日后的发展主题。协会推出的"精益五常"可给学界提供不断改善的创新工具，奠定稳固基础。这点跟史园　写的《幼儿园精粹管理》这本书不谋而合。

　　1987 年，75 位诺贝尔奖得主在巴黎聚会，有人问其中一位德高望重的老人："你在哪所名牌大学学到了人生最重要的东西?"

　　老人平静地回答："幼儿园，我在幼儿园学到了人生最重要的道理:

　　要敢于同别人分享你的一切 (1.7)[①];

　　要公平公正，要光明正大地与别人竞争 (5.9);

　　把你找到的东西放回原处 (2.1)，你弄乱的一切要由你来负责 (5.1)，并整理得井井有条 (2.10);

　　不要拿不属于自己的东西 (2.2)，要知害羞，要有廉耻之心 (5.3);

　　要让生活过得丰富多彩(3.5)，要在每天都有所学，有所思 (5.5);

　　要相互团结，彼此扶助 (5.10);

　　要始终保持一颗惊喜、好奇的心 (4.13)……"

　　老人的话赢得了与会者的热烈掌声。这看似与诺贝尔奖毫无关系的话却暗藏了老人所具有的先哲智慧，也说明幼儿时期养成的良好习惯对人的一生具有决定

---

　　①　(X . Y)是"五常法"审核表五十点之点数，余同。具体可参见本书附录。

性的意义。

我国人口冠全球，但有史以来拿到诺贝尔奖的总人数却不到全球的百分之一。我们追问："为什么我们获奖人数少？怎样才能获得诺贝尔奖？""不要追一匹马，你用追马的时间去种草，待春暖花开时，便能吸引一群骏马供你选择。"精粹管理的实施，发扬了"幼吾幼以及人之幼"的精神，为幼儿提供安全、卫生、高效、有品质的学习环境，培养幼儿良好的学习与行为习惯。史勇萍校长这本"种草"书籍，对幼儿教育工作具有长远贡献。

"优质教育，始于精粹。"十年树木、百年树人。愿各位幼教同仁阅读分析本书后，给我们新一代更多向诺贝尔奖进发的可能吧！

何广明教授
第 1～20 届"ISO 和 TQM 国际会议—ICIT"主席
国际及香港五常法协会创会主席

2016 年上半年，深圳幼教界接连产生了几个第一：深圳的幼儿园第一次成功申报全国教育科学规划课题；深圳市教育局颁发第一块学前教育"品牌园"牌匾；深圳市教育局第一次以红头文件的形式，将一个幼儿园的研究成果在全市幼儿园进行推广。而这几个第一的创造者是深圳市莲花北幼儿园，它的领头人就是史勇萍园长。早在担任深圳实验学校幼儿部主任时，我就一路见证了她的成长，看着她从一名班主任老师到年级主任、教务助理，直到被市教育局任命为莲花北幼儿园园长，带着莲花北团队创始研究"幼儿园精粹管理"，成为深圳市教育局主推的首个本土自主研发、具普适性的幼儿园管理方法。看到她的成就，我不由得回忆起那些共处的工作时光，那时的她有着与年龄一样的青涩及个人的工作逻辑：做事严谨，恰如其分地把握住事物的全面性和细致性。莲花北幼儿园在她的带领下，十年磨一剑、厚积薄发，诞生了精粹管理品牌。细细想来，她本人就是精粹管理的典范。更让人欣慰和惊喜的是，她能心系不同级类的幼儿园，用精粹管理给幼儿园带来了简单易行且行之有效的方法，促进薄弱园管理更规范、规范园办园上等级、优质园质量成品牌。

一、破茧成蝶，诞生精粹管理

说起精粹管理，我熟知多年。从 2008 年开始，史勇萍带领莲花北幼儿园以开放的心态全面学习"五常法"，在实践中他们发现起源于企业管理的"五常法"似乎带着工具理性的烙印，而幼儿园的对象是幼儿，并不能完全照搬硬套。这时史勇萍园长从幼儿园的特质出发，创造性地从康德哲学中吸取精华，简化和改造康德的知识要素构成论，从逻辑思维形式的最基本单位——概念出发，通过对概念所蕴含的"时间、空间、数量、质量、因果性和必然性"六个要素进行分析和综合运用，破茧化蝶般创造出具有幼儿园行业特征的精粹管理。

二、循序渐进，内化精粹管理

精粹管理诞生后，史勇萍园长默默地在莲花北幼儿园实践精粹管理。每次去莲花北幼儿园都能给我带来震撼，他们的孩子热情、大方，老师们脸上也洋溢着笑容，幼儿园环境精细、专业。这样又过了好几年，我觉察到精粹管理已经在莲花北幼儿园实践场内化成工作习惯和思维习惯。在此期间，我也听到越来越多的同行夸赞莲花北幼儿园的教育现场，国内外同行也越来越多地来参观莲花北幼儿园，莲花北幼儿园承载着的精粹管理现场效果大放光彩。

三、厚积薄发，辐射精粹管理

后来，我看着史园长和她的团队将精粹管理落地到第九幼儿园和松和幼儿园，现在这两园已经分别成为深圳市第一、第二批优质特色示范园。2016年年初，借着商讨市学前教育协会赛事，我了解到精粹管理不仅在第九幼儿园、松和幼儿园检验出实践效果，当时也正在向福田区36所民办园辐射，效果已初显。史园长向我详细介绍了精粹管理的发展历程和线上课程，同时《幼儿园精粹管理理论建构与实践探索的研究》成为全国教育科学"十二五"规划课题。这些意味着精粹管理无论是实践现场、管理课程、课题研究还是区域辐射，都已经形成相对成熟的管理模式与辐射学习模式，初具推广的基础。我为史园长及其带领的团队感到自豪！

四、任重道远，推广精粹管理

2016年5月19日，是莲花北幼儿园乃至整个深圳市幼儿园的重要一天。深圳市教育局举行全市幼儿园精粹管理进园行动启动仪式，开启342所幼儿园学习精粹管理的三年之路。这是深圳市教育局提升学前教育质量的一项重要行动，以管理相对薄弱的幼儿园为重点，托底改薄，促进全市幼儿园管理标准化、精细化、科学化。史勇萍园长及团队为了保证行动效果，切实提升342所幼儿园的管理质量，相继研发出《深圳市莲花北幼儿园精粹管理手册》《深圳市幼儿园精粹管理进园行动学习手册》《深圳市精粹管理进园行动实施方案推行指导手册》等系列资源，并匹配线上课程、线下培训、沙龙研讨、实地观摩、入园诊断等方式，系统化、模块化精粹管理的推广。正如史勇萍园长曾和我提及的，"我们正在完成从运动员到教练员的角色转变。"

身为前辈的我，看着史勇萍由一名一线教师成长为一名园长，依旧保持着严谨的工作逻辑，依旧保持着兼具全局与细节的工作方式与习惯。不同的是，在莲花北幼儿园后方稳定的根基上，现在的她心系更多幼儿园，希望带动幼儿园齐发展、同进步。同为幼教工作者的我期待她与她的团队能再创造和再推广，为深圳更多幼儿园乃至全国的幼儿园输送精粹管理的理念与方法，全面提升幼儿园的卫生、安全、品质和效率，并让幼儿受益、教师受益，最终提升幼教行业的整体管理质量。

王琪琪
深圳市学前教育协会会长

目 录

第一章　幼儿园精粹管理概述

幼儿园精粹管理是深圳市莲花北幼儿园结合幼儿园工作实际，立足于学前教育行业特点，运用自创的"思维六要素"理论（即数量、空间、时间、质量、因果性和必然性六个要素），在教育教学、保育保健、行政总务等方面，经过近10年的实践提升与课程研究后，探索出的一套系统的，改善幼儿园环境、安全、卫生、品质、效率、形象，适用于学前教育机构精细化、专业化管理的方法。其宗旨是让薄弱幼儿园管理更规范、让规范幼儿园办学上等级、让示范幼儿园质量成品牌，并最终实现幼儿优质成长、教职工专业发挥、幼教行业全面提升。

第一节　精粹管理的内涵及发展历程

一、精粹管理的内涵

精粹，精是方法，包括工作流程与规则的精简，幼儿园物品定量定性的精确和幼儿园教职工专业和爱心的精心。

精粹，粹是本质，意在普遍性，把握幼儿和行业管理的基本规律；系统性，确定严整有序的体系；价值性，促进幼儿、教职工和幼教行业的发展。

莲花北幼儿园创造性地运用"思维六要素"理论建构幼儿园管理方法，创生出幼儿园精粹管理。在此以"思维六要素"理论为结构，进一步说明精粹管理的内涵。

（一）数量要素——按标准进行分类及定量

精粹管理的首要工作是观察与分类，重点是界定工作或生活的必需品和非必需品，将之分类；然后把非必需品再分层次，依次为垃圾（需要抛掉）、转送或转化（亦可列为循环再用），其余的回仓；针对筛选出的必需品，再观察、再分类，将必需品的数量减至最低用量，够用就好；最后，根据物品使用的高、中、低频率将物品放在最方便适宜的地方（如从身旁开始，最高使用率的物品放在最贴身的地方，中用量的放稍远地方，最少用的放在最远的位置或存仓）。

（二）空间要素——什么地方放什么物品，什么物品放在什么地方

精粹管理的第二步是明确责任分工和保证物品的位置清晰、标识明确、指引专业、指导到位，以确保无论任何角落都有人管理；任何物品都能很方便、很有效率地使用和取放。

（三）时间要素——什么时候该做什么，做多长时间

时间要素强调以时间为节点，制定物品使用和事物运作过程中的时间标准，静态的有计划、动态的有流程、突发的有预案。在实施过程中，定期检查、维护和审核，以确保幼儿园各项工作安全、顺畅地运作。

（四）质量要素——我做的事情是什么，它是否有效、合理

质量要素的重点是维持透明度，运用视觉监察和颜色管理，做到整体环境简约实用、通风明亮、环保安全、无积水、无死角、无破损；物品存放和标识一目了然、清晰透明；运用目视管理，幼儿也能看得懂，做得到。质量要素的另一重点在于安全和量化操作流程、设备使用、危险预防及危险品警示等指引清晰，同时强调随着社会发展和情况变化，不断调整适宜的数据和标准，不断提升和完善，实现教职工自律自主、幼儿在规则与自由间实现平衡。

（五）因果性要素——我为什么要这样做，我这样做是否符合规律或规则

因果性要素是在上述四项要素的推行、实施、持续和完善的过程中，培训教职工的工作方法、行为准则和规则意识，促使教职工形成良好习惯、自动纠错，达到自省自律的境界。在处理事务的过程中，清楚为什么做、如何做、心中有方法、做事有标准。同时，通过创设整洁明亮、安全环保、标识清晰、要求明确的学习生活环境和人文环境，为幼儿良好习惯和自主生活能力的培养提供了潜移默化的可能性和必然性。

（六）必然性要素——采取此方法是否有发展进步的潜力，其潜力在何处

在精粹管理的探索和实践中，方法和标准不是一成不变的，必须本着精益求精的精神，在原有基础上不断地进行改善和提升，推陈出新。同时，还需空杯心态，学习同行和跨界借鉴，充分体现和塑造学前教育行业的专业性，通过不断的积累、总结，形成一套系统的适合幼儿园精细化、专业化的优质管理方法。

二、精粹管理的发展历程

深圳市莲花北幼儿园是由深圳市教育局于 1995 年 3 月创办的市属公办幼儿

园，2006 年市事业单位改革中划转深圳市投资控股有限公司举办，并由深投幼教运营有限公司负责管理。幼儿园坐落于"全国第一文明小区"——莲花北住宅区内，紧靠风景秀丽的莲花山公园，依托福田中心区和优秀社区，为幼儿提供了充满大自然气息、安全、环保、丰富的环境。园所占地面积 3920 平方米，已绿化面积 962 平方米，建筑面积 4073 平方米，户外活动场地 2935 平方米；校舍宽敞明亮，风格典雅，所有班级南北通透，教室面积 145 平方米；独特的超宽走廊为幼儿提供风雨无阻的体育活动场地；拥有大型综合体能运动场、沙水空间、游泳池、生态园、莲心绘本馆、音乐室等。莲花北幼儿园是幼儿生活与游戏、学习与运动的理想乐园、学园与家园。主要荣誉和成绩包括广东省绿色幼儿园、深圳市首批优质特色示范园、深圳市首批教科研基地学校、深圳市卫生保健优秀幼儿园、深圳市学校（幼儿园）行业卫生十佳单位、深圳市书香幼儿园、香港五常法优质管理认证单位、深圳市第一个学前教育品牌幼儿园等。

　　回溯莲花北幼儿园推行精粹管理的近 10 年，更多的意义在于通过梳理 10 年中的原始基础、关键事件和推行效果等，勾勒出莲花北幼儿园从忠实"五常法"到创生精粹管理的实施全景，以期从更为全面的发展角度和更为深层的管理角度给更多幼儿园以借鉴、参考之意，更是给予更多幼儿园推行精粹管理的源发性动力与知行合一的行动力。

（一）借鉴"五常法"的实施取向

　　莲花北幼儿园在 2008 年年初学习"五常法"[①]管理，邀请香港五常协会专家对全园教职工进行培训，按照"常组织、常整顿、常清洁、常规范、常自律"的"50 点标准"[②]和要求，建立五常博物馆，利用每周二的内审、五常法协会半年一次的外审有条不紊地推进"五常"工作，提高幼儿园安全、卫生、品质、效率和形象，创造卓越的工作环境和优质的管理系统。在莲花北幼儿园全园师生与外部专家共同努力下，幼儿园从户外到室内的所有物品，都按照"五常法"的要求，做到有名有家、有图片有样板、有存档总表，一目了然、易取易放，达到了班级、办公室物品的管理和摆放规范化，各类洗涤和消毒程序标准化，幼儿园图书、音像资料管理信息化，厨房工作流程精细化，仓库管理工作科学化。莲花北幼儿园于2009 年 4 月 30 日获得香港五常法协会的认证，同年，被福田区安监局、莲花街道办事处推选担任福田区申报"国家安全社区"国家检查组迎检单位，国家安全小

---

① 见附录一第一部分。
② 见附录一第二部分。

组专家对莲花北幼儿园的安全管理工作给予了高度评价。

（二）立足幼儿园实际的相互适应取向

经过忠实"五常法"的实施取向后，管理者和教师们发现任何管理活动都要从当下所处环境的实际出发，理论联系实际才能达到管理的效用。在幼儿园推行"五常法"必须要结合本园实际情况，尤其是依据幼儿园的建设目标、教育目标和课程目标来实施。

幼儿园管理者和教师们通过对前期实施"五常法"过程中出现的种种现象和问题进行梳理、反思、总结和提升经验后，尝试在幼儿园教育教学活动中渗透"五常法"管理，如我园设计的幼儿晨检卡"健康活力卡"、美工区"剪刀收纳筒"均获得了香港五常法协会颁发的创意奖。而且我园获邀成为香港五常法协会年会嘉宾，与国内外推行"五常法"管理的各团体分享我们的经验。

案例 1　晨检卡的创新

幼儿晨检卡是幼儿每日入园时在幼儿园保健医生处晨检后获得的一张卡片。莲花北幼儿园对幼儿晨检卡进行了创新。

幼儿晨检卡共有红、黄、蓝、绿、紫五种颜色，每一种颜色表示一种晨检结果。如绿色晨检卡——今日我健康；蓝色晨检卡——我要多饮水；黄色晨检卡——我要修剪手指甲；红色晨检卡——我要吃药；紫色晨检卡——我要保护好伤口。每张晨检卡上正反两面分别画有笑脸和哭脸，代表幼儿当天来园时的心情，其中笑脸表示心情愉快，哭脸表示心情欠佳。

幼儿入园晨检后带着晨检卡回到自己班级，把卡插在有自己相片/姓名的卡片槽里。同时，根据自己当日的心情，决定是笑脸向外，还是哭脸向外。

图 1-1　小班晨检卡 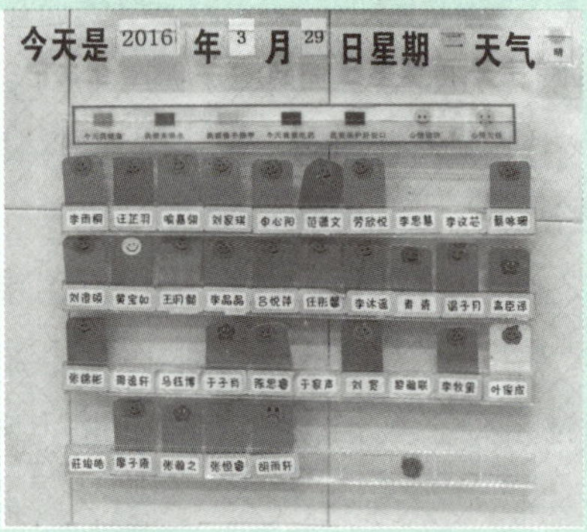　　　　图 1-2　中大班晨检卡

幼儿晨检卡的功能是方便教师了解班级每天幼儿出勤情况及每位幼儿身体和情绪状况。教师可以通过晨检卡对不同幼儿的情况有重点地关注和干预，从而保障幼儿身心健康发展；同时，晨检卡使幼儿每天有意识地关注和认识自己的身体状况和情绪，并学会自我调整。幼儿彼此之间也能感知和了解同伴的身体状况和情绪，学习关心同伴。

（三）诞生精粹管理的创生取向

幼儿园的核心目标是促进幼儿发展，任何管理的出发点和落脚点只有回归幼儿发展才具有生生不息的力量。莲花北幼儿园通过两年"五常法"的学习，发现"五常法"在实施层面具有立竿见影的效果，它为幼儿园教育教学工作提供了一个巨大的探索空间，但它更多聚焦于实施层面，是工具理性，核心是对效率的追求。而幼儿园更多是幼儿全面发展的支架者和教师专业化发展的促进者，更需要高位和深层的实施理念与人文管理。基于此，莲花北幼儿园经过多年的研究，探索出适合幼儿园管理的思路与行动模式——幼儿园精粹管理。幼儿园精粹管理注重学前教育的普遍性、系统性和价值性，避免工作表面的整理，重视研究管理的本质、教育的本质、人与事物管理的基本规律和本质价值。

莲花北幼儿园经过多年的园所实践，结合"思维六要素"理论，逐渐将"五常法"中的50个观察点简化为22条标准（详见第二章），形成兼具工具理性与智能人文的管理模式。"幼儿园精粹管理22条标准"通俗易懂、指导性强，幼儿园依据标准，总结归纳出一日活动组织流程、学习环境创设标准、保育工作流程、幼儿食品管理流程、消毒清洁流程、安全工作指引等系列，目标明确、易学易做，切实为各类幼儿园提供质量参考标准。

（四）辐射更多学前教育机构的推广取向

莲花北幼儿园基于前期的实践与探索经验，总结出精粹管理的实施经验和背后的教育理念，并渗透推广、培训的思维，在更多幼儿园实施精粹管理，验证精粹管理的推广效度。其中，2010年在深圳市第九幼儿园（以下简称九幼）、2014年在深圳市松和幼儿园（以下简称松和）推行精粹管理。两所幼儿园在推行过程中取得一系列显著成果，如九幼成为深圳市首批优质特色示范园、健康标杆促进园等；松和顺利通过幼儿园精粹管理（第一期）审核认证，同时获得市卫人委、市教育局颁发的卫生保健优秀幼儿园称号，2016年也成为深圳市第二批优质特色示范园创建单位。

2016 年 3 月，福田区幼教行业协会向福田区 36 所小型私立幼儿园推广精粹管理。2016 年 5 月，深圳市教育局明确制定《深圳市精粹管理进园行动实施方案》，具体行动目标为：2016 年向全市幼儿园宣传导入幼儿园精粹管理理念，建设 42 所精粹管理基地园，300 所幼儿园参加精粹管理专题培训；2017 年在 300 所幼儿园推行精粹管理，全市 50％的幼儿园参加精粹管理专题培训；2018 年在全市推广普及精粹管理，全面提升幼儿园管理水平。

莲花北幼儿园近 10 年的实践与探索、专业与认可，和九幼、松和两所幼儿园的实践效果，以及 2016 年以政府为主导的全面推广，无不说明精粹管理作为幼儿园管理模式的有效性和专业性。

第二节　精粹管理的理念

幼儿园精粹管理以实践与理论相结合的哲学思想为指导，方法上借鉴和吸收行为主义与建构主义理论，在充分发挥管理效能的基础上，同步促进了幼儿健康、德行、聪明的发展和教师专业化发展，塑造了适合幼儿园管理的行动模式，提升了学前教育行业的专业性与引领性。

一、六要素法

"六要素法"，是以逻辑思维形式最基本的单位——概念为起点，通过对事物概念所蕴含的"时间、空间、数量、质量、因果性、必然性"六个要素进行分析和综合运用，提高教职工主动建构经验知识的自觉性，从而促进教职工管理思维发展的一种思维模式。"六要素法"来源于康德的知识要素构成论，精粹管理借鉴其思维结构。以下将主要解释"六要素法"的来源与内涵，而其有效性和科学性已在《幼儿园三位一体课程的实践与探索——六要素法的运用》[①]一书中详细论述，此处不再赘述。

时间、空间、数量、质量、因果性和必然性六个要素来源于康德知识要素构成论中的"时空和范畴"。经验知识的必要条件是"时空和范畴"，而作为进行概念学习方法的"六要素法"的六个要素，由于是来源于"时空和范畴"，因而"六要素

① 史勇萍，霍力岩. 幼儿园三位一体课程的实践与探索——六要素法的运用. 北京：北京师范大学出版社，2016：51.

法"的六个要素也是教师和幼儿通过概念学习，形成经验知识的必要条件。"六要素法"保留了康德知识要素构成论中的感性直观的必要条件——"时间和空间"的要素，由于"六要素法"是概念学习的方法，因此，"六要素法"中的"时间"和"空间"是指"概念"所指称的事物或事件发生和存在的时间和空间条件。而对四组十二种"范畴"（如表 1-1），"六要素法"进行了简化和改造，选取了数量、质量、因果性、必然性的要素。

表 1-1　范畴表

量的范畴	单一性、复多性、全体性
质的范畴	实在性、否定性、限定性
关系的范畴	实体与偶性（属性）、原因与结果、共联性（行动者与承受者之间的交互作用）
模态的范畴	可能性—不可能性、存在—不存在、必然性—偶然性

"六要素法"的"数量"要素对应康德"范畴表"中的"量"的范畴；"六要素法"的"质量"要素对应康德"范畴表"中"质"的范畴，同时将康德"范畴表"中"关系"范畴中的"实体与属性"挪到"质量"要素这里；"六要素法"的"因果性"要素对应康德"范畴表"中的"原因与结果"的范畴；"六要素法"的"必然性"要素对应康德"范畴表"中的"模态范畴"，由于"模态范畴"的"可能性—不可能性、存在—不存在、必然性—偶然性"相互间具有动态发展的联系，因此"六要素法"的"必然性"要素涵盖了"可能性""存在（现实性）""必然性"。从上述对于"六要素法"与康德知识要素构成论的对照说明中，我们可以发现，前者对于后者进行了一定程度的简化和改造。这种简化和改造，主要体现在我们并未对康德要素论的所有基本概念（比如全部十二个范畴）进行一一对应的重述，而是取其大端（着眼于吸收其时空、量、质、因果性和模态这一基本框架），并做了一定程度的调整。

按照六要素的次序，这些调整主要包括：（1）我们扬弃了康德哲学中时空与范畴之间的异质关系，不再如康德那样坚持时空形式仅限于作为被动的接受条件，而范畴体现了主动的思维能力，坚持这两者具有类别上的差异（感性—知性），而是将时空与诸范畴作为同类别的要素来对待；（2）质量要素除了体现康德范畴表中质的范畴这一类别，还主要体现了康德范畴表中第三大类关系范畴中的实体—属性范畴；（3）因果性要素抓取并聚焦于康德关系范畴中原因与结果范畴，不处理其他关系范畴。

在幼儿园精粹管理中，我们运用"六要素法"的思维网与结构网，细化为幼儿园精粹管理 22 条标准。支架教职工根据 22 条标准实施精粹管理，塑造教职工在岗位上既要"知其然",也要"知其所以然"的良好思维习惯,让管理有条可依。

二、行为主义和社会认知理论

幼儿园教育教学离不开行为主义和社会认知理论,无论是教师对幼儿的赞赏还是营造的学习环境都运用了行为主义的强化理论和环境塑造理论。无论是幼儿之间的互相观察学习,还是幼儿通过精粹化的生活与学习环境快速学会幼儿园里的规则与秩序后产生的自我效能感,都运用了社会认知理论。在莲花北幼儿园,行为主义和社会认知理论指导也渗透到精粹管理中,使得幼儿的行为习惯、社会交往、学习品质等有了质性变化。

(一)行为主义强调环境对幼儿的作用

行为主义认为环境是影响幼儿行为的重要因素,人的大部分行为是后天习得的,是个人经验的产物,强调环境是影响人身心发展的决定因素,幼儿的行为和发展具有可塑性和可控性,可以通过外部因素来塑造与修正幼儿的行为。斯金纳曾说:"环境曾经控制着,而且还要继续控制整个过程。"因此,在学前教育阶段,教师要创造适宜幼儿发展的良好环境,避免来自外界环境的不良影响,以培养身心健康的幼儿。我们承认行为主义强调环境对行为形成的决定性作用过于激进,但其关于环境对幼儿良好行为的养成教育观点却具有重要的理论价值。

幼儿园精粹管理将幼儿一日生活所接触的环境精细化、专业化,为幼儿提供了整洁、有序、安全、温馨的环境。即使新生入园,幼儿也能通过目视观察看懂教室内物品的摆放,学会自主取放物品,如学习区材料、进区卡的取放,喝水、午睡的流程等。幼儿与有规则的环境发生互动,并自主、自发提高了自己的生活能力,培养了良好的生活习惯与学习习惯。

(二)行为主义注重强化对幼儿的影响

强化,指行为结果得到强化。行为主义认为,当某行为得以维持和加强时,将来在类似的情境中再次出现此种行为的可能性增加。强化分为正强化和负强化,它们都可以增加反应再次出现的可能性。正强化是当个体做出某种行为时增加某物,负强化则指当个体做出某一行为时就从环境中撤去某种刺激物。但是,斯金纳认为正强化的效果往往会优于负强化,所以他主张采用正强化,有影响力的人物的赞扬、鼓励、认可均为正强化物,实践中的某些奖励也可看作正强化物。[①]

---

① 王亚红.环境控制与幼儿行为养成——行为主义理论在幼儿行为教育中的应用.新课程研究(下旬刊)幼教新时空,2013(1):176.

精粹管理在幼儿园实施后，幼儿除了接受来自教师的传统强化，还接受来自物体的强化和同伴的强化。幼儿与物品发生互动，如学习区的材料均放在适合的框线内，并有图案或数字等一一对应的标识，如果幼儿在放回材料时出现错误，则会出现标识突出或框线位置容纳不了该份材料；幼儿之间的互动也能强化彼此的行为，如幼儿增减衣服时，会将衣服挂在有自己照片的衣架上，如果某幼儿将衣服挂到其他幼儿衣架上，同伴之间则会互相提醒；饮水时，有排队的标识和喝水流程图，幼儿之间可以互相强化正确的行为，以帮助彼此习得良好的生活与行为习惯。

（三）社会认知理论重视幼儿观察模仿的学习策略

社会认知理论心理学家的代表者班杜拉通过基于两人或更多人的相互作用研究发展了行为主义。社会认知理论的基本观点是班杜拉强调的观察学习论，其对幼儿园精粹管理具有很大的指导作用。

班杜拉认为幼儿行为的习得或形成是通过多种方式，包括强化、观察，但班杜拉更强调观察学习的作用。观察学习的核心是探讨幼儿如何通过观察而模仿他人进行学习，即幼儿通过观察他人（如教师、其他幼儿）的某种新行为获得示范行为的象征性表象，并引导幼儿做出与之相对应行为的过程。观察学习是幼儿在一定条件下通过观察他人的行为而非直接参与来获得学习经验，班杜拉认为人的多数行为是通过观察别人的行为和行为的结果而学得的，依靠观察学习可以迅速掌握大量的行为模式。

精粹管理的初级阶段是教师主导，教师向幼儿说明班级的精粹管理，如学习区材料的取放、生活用品的放置、体育器材的收纳、入离园的步骤等，教师做示范，幼儿在教师的示范中逐步习得行为规范；精粹管理的中级阶段是部分幼儿掌握了班级精粹管理覆盖的行为，习得了正确的生活习惯，此时班级里随时出现观察学习的契机，小到寻找标有自己姓名的桌椅、衣物等，大到通过观察指示标识自主寻找班级户外活动场地；精粹管理的高级阶段是师生一起制定与实施精粹管理方法，如一起协商活动材料的摆放与标识的制定、分组的小组名字与标签制定等。幼儿在不同阶段均通过观察学习培养了良好的行为习惯与行为能力。

（四）社会认知理论重视幼儿的自我效能感培养

自我效能感是指幼儿对影响其生活的事件能够施加控制的信念。自我效能感与幼儿的行为动机有着密切联系，这是因为幼儿对自己能力的判断影响着其对自己将来行为的期望。因此，自我效能感是通过决定着幼儿试图去做什么以及在做的过程中要付出多大努力的预期而对个体行为起着重要的引导作用。自我效能感强的人，能对新的问题产生兴趣并全力投入其中，能不断努力去战胜困难，而且在这个过程中自我效能感也将会不断地得到强化与提高。

精粹管理不仅是规范、标准，也需教师与幼儿一起实施，幼儿通过精粹化的生活环境与学习环境快速学会幼儿园里的规则与秩序，不仅能自我遵守，还能通过示范作用影响其他幼儿，如幼儿园新生焦虑现象普遍较少，因为即使幼儿刚刚入园，其也能通过教师设置的适合小班幼儿认知发展水平的颜色标识、动物标识、形状标识、水果标识等快速熟悉班级环境，并迅速学会生活自理与学习活动自理，如小班幼儿会迅速了解自己午睡前要将椅子放在黄线上，袜子放在椅子上，从何处取的材料放回何处……这种秩序化的环境让幼儿快速掌握规则，在形成习惯的同时，也产生了对新环境的熟悉感和安全感，形成了积极稳定的情绪，既缓解了入园焦虑，也从小培养了自信心和自我效能感。

三、认知建构主义和社会建构主义

建构主义是幼儿园精粹管理的重要指导思想，无论是认知建构主义关于幼儿发展水平和阶段的研究，还是社会建构主义中强调幼儿与社会相互作用的研究，都对精粹管理的实施具有显著的指导意义。

（一）皮亚杰的认知建构主义强调幼儿的自我建构

皮亚杰认为2～7岁幼儿已经从具体动作中摆脱出来，开始以符号为中介来描述外部世界，属于前运算阶段。2～4岁幼儿处于象征思维阶段，开始运用象征性符号进行思维，出现了"意之所指"和"意之所借"的分化，而这一分化是思维的发生。直觉思维阶段（4～7岁）时期，幼儿的思维受到知觉到的事物的显著特征所影响，缺乏守恒性，思维具有不可逆性和具体性。

同时，皮亚杰在幼儿观、学习观和教师观方面给予精粹管理以指导。在幼儿观方面，皮亚杰认为，幼儿不是被动等待填塞的容器，而是主动的学习者，真正的知识并不是由教师传授给幼儿，而是出自幼儿本身，幼儿是学习的主体，是知识的主动建构者；在学习观方面，皮亚杰认为学习与发展的基本关系是一种同化，学习的主体是主动的，应该把重点放在自我调节上，放在主体自身的活动上。因此，幼儿学习的实质是一种"意义建构"，以"建构"取代"反映"，以主动活动取代被动接受，强调幼儿的主体性与选择性；在教学观方面，皮亚杰并不主张教师教幼儿知识，认为我们在教幼儿时恰恰阻碍了幼儿自己去探究的机会。皮亚杰主张教师应该为幼儿提供探究的材料，创设民主的氛围，提供必要的帮助，促进幼儿主动建构知识，强调幼儿的主体性与选择性。

幼儿园精粹管理一是借鉴皮亚杰对幼儿认知发展水平的研究结果，在标识、标志、指引等方面多用幼儿看得懂的图示，如小班多用常见的水果、动物标识，大班用数的分解与组合、词语接龙、相反关系词组等作为标识；在精粹管理目标方面多隐性设置适合不同年龄阶段幼儿的接受水平，如小班学习区进区卡锻炼幼儿精细动作，大班则是利用统计本，幼儿自主统计自己一段时间内所进区域，锻炼幼儿的计划能力。二是借鉴皮亚杰的儿童观、学习观和教师观，强调儿童自我建构的主体性、教师指导的支架性。教师提供精粹化的环境，幼儿在掌握基础层面的规则后自主活动、自由生活。教师从日常的收纳、整理、说教中解放出来，有更多时间观察与指导儿童，为幼儿提供更为适宜的环境与材料；幼儿有更多时间选择自己感兴趣的活动与材料，师幼之间形成了和谐、高效、自主、自发、自律的生活与学习环境。

（二）维果斯基的社会建构主义注重教师的支架作用

维果斯基倾向于社会历史文化环境对个体的作用，提出了著名的"最近发展区"理论。最近发展区理论认为，儿童参与活动面临两个问题，一个是需要解决的问题，另一个是儿童自身能力问题，两者之间存在一定的差异，教师在教学中需要解决两者之间存在的差异，这个需要解决的差异即为"最近发展区"。如果用发展水平衡量就是幼儿自身的发展水平与教师指导后解决问题的发展水平之间的距离。通过教师的教学可以改变儿童的最近发展区，这肯定了教师的作用，并启发教师在教学过程中不能消极适应儿童自身的发展水平，而应该不断引导儿童的发展水平，把儿童的发展水平从一个高度引领到另一个高度，不断实现进步，即教师应实现支架式指导，这也成为教师在精粹管理实施中的指导思想。

根据维果斯基的最近发展区理论，教师需建立"支架式"概念框架，通过比较复杂的问题使得幼儿自己能攀升"支架"，进而学会对复杂问题的建构。支架式指导的步骤包括：搭脚手架——围绕当前学习主题，建立概念框架；进入情境——利用问题情境将幼儿引入；独立探索——让幼儿自己探索。探索开始时先由教师启发引导，然后让幼儿分析；探索过程中根据教师的适时提示，幼儿在教师帮助下逐步攀升框架。刚开始时教师可多一些引导帮助，然后逐步放手，最后做到幼儿自己能在概念框架中继续攀升。

根据维果斯基的最近发展区理论和支架式教学理论，在幼儿刚开始接触精粹管理时，教师更多的是引导幼儿学会认识各种标识、指引以及其代表的单个物体或物体之间的数量、质量、时间、空间关系，然后根据不同幼儿的发展水平，提供支架(问题支架、材料支架、示范支架和情境支架等)，引导幼儿了解精粹管理的因果性和必然性关系。

综上所述，莲花北幼儿园精粹管理主要借鉴与吸收了康德的知识要素构成论、行为主义、社会认知理论、认知建构主义和社会建构主义，在后期精粹管理深化与推广中，将继续吸收国内外先进的教育思想。

第三节　幼儿园实施精粹管理的必要性

莲花北幼儿园为什么要实施精粹管理？实施精粹管理要达到何种目标？是什么推动莲花北幼儿园不断深入、优化精粹管理？此节将简要论述实施精粹管理的初衷及已经取得的阶段性成果。

一、推行精粹管理的管理目标

(一)安全

完善安全防范措施，降低故障率，确保园内一切工作的安全。提高教职工和幼儿的安全防范意识和能力，确保幼儿和教工掌握紧急避险的方法，有安全政策的承诺及风险评估。

(二)卫生

养成幼儿、教职工良好的卫生习惯；做好疾病预防和控制，保障教职工和幼儿身体健康；保证教室、厕所及公共场所空气流通，无异味、积水、垃圾和死角。确保饮食卫生，厨房卫生信誉度为 A 级。

(三)品质

增加教职工之间的团队精神，提升教职工素养；创造整洁、适宜、开放的教育环境，开展优质的教育教学活动，幼儿养成良好习惯，增强自我意识，具备初步的自我管理能力，成为"身心健康会做事、德行美好会做人、聪敏明理会思考"的高素质儿童。

(四)效率

提高各项工作的效率，增加教育的有效性和科学性，提高幼儿生活、游戏、运动、学习的效率，保证优质的教学质量。

（五）形象

完成精粹管理准则的要求，使幼儿园保持简洁、舒适、安全及透明度高的优良工作和生活环境。教职工的精神面貌和幼儿园的环境不断完善和提升，从而树立良好的园所形象。

二、推行精粹管理的现实理由

《幼儿园教育指导纲要（试行）》明确规定，幼儿园应为幼儿提供健康、丰富的生活和活动环境，满足他们多方面发展的需要，使他们在快乐的童年生活中获得有益于身心发展的经验。基于此，莲花北幼儿园有三大现实的源发性动力推动实施精粹管理。

（一）基于幼儿园发展的迫切需求

莲花北幼儿园的办园目标是"办全国一流幼儿园"，办园宗旨是"为儿童创造美好未来；为教师增添人生价值；为社会提供品质学校"。其中儿童指莲花北幼儿园所有幼儿；教师则为全体教职工，不局限于班级教师；为社会提供品质学校，一方面指莲花北幼儿园立足深圳，为深圳幼儿提供好的学前教育，另一方面是发挥学前教育行业专业性，以专业引领辐射更多幼儿园，为幼儿教育赢得行业尊重和话语权。莲花北幼儿园一直致力于精粹管理的实践和探索，并在实践中发挥教师、幼儿的主体作用，不断优化、不断循环，以创造更为适宜的幼儿园管理模式。

（二）基于幼儿园课程建构的发展需求

自 2007 年开始，莲花北幼儿园开始着力建构幼儿园"健康·德行·聪明"三位一体课程，课程正处于"提出理念、分解目标"的初级阶段。考虑到健康教育是三位一体课程的基础，幼儿只有身体健康、养成良好的行为习惯和生活能力，才能更适宜地开展聪明课程和德行课程，以实现"身心健康会做事、德行美好会做人、聪敏明理会思考"的课程目标。考虑到三位一体课程目标实现的初衷及幼儿园健康教育经验的积淀，幼儿园于 2008 年引进"五常法"，以完善健康教育为基础，同时在有序、自律、有规则的环境中，实现幼儿德行发展和聪明发展的整合性教育目标与课程目标。

（三）基于幼儿生命安全的基本需求

幼儿安全是一切教育活动开展的基础。幼儿园里的幼儿大体处于 3～6 岁阶段，此阶段的幼儿年龄小，自我保护意识差且自我保护能力低，需要成人的适宜保护。但在幼儿园师资性别结构中，女性远远高于男性，而女性的性格多温柔，反应速度和果断性相对较差。在幼儿在园一日活动方面，3～6岁幼儿在园9小时左右，活动类型多，如生活、学习、运动活动和游戏，幼儿在园年龄小、时间长、活动多，在现行师幼比情况下易出现安全事故。在幼儿园设施设备方面，幼儿园园舍面积广、教室多、室外面积大、器材多，幼儿园水、电、消防、燃气等都是产生安全隐患的源发地。当然，幼儿园更不能因噎废食，过度保护幼儿，出现诸如限制幼儿的活动或减少幼儿的活动类型等行为。综合考虑幼儿的安全与发展诉求，莲花北幼儿园引进"五常法"，并优化、创生为精粹管理，一方面，增加幼儿有序化、自律化活动，间接减少幼儿彼此之间或幼儿与物之间的安全隐患，也优化教师对物品、对幼儿的管理，将安全工作进行标准化、可视化管理，提高幼儿在园安全系数。

三、推行精粹管理的整体效能

从"五常法"到精粹管理，从2008年年初到2016年，近10年的时间，精粹管理在莲花北幼儿园效果显著。

(一)幼儿生活能力、行为习惯与学习品质显著发展

精粹管理为幼儿提供了一个整洁有序、安全温馨的生活与学习环境，幼儿在其中健康、快乐地生活和学习。来园参观的老师、领导总是评价："莲花北幼儿园的幼儿活泼大方，学习专注，有礼貌，敢与人交往。"附近的小学老师则反映："该园幼儿习惯好、学习兴趣浓厚、接受能力强。"在园教师也反映："幼儿户外活动回来之后，能以最快的速度找到自己的书包，更换下的衣服也能及时放回自己的书包或挂在晾衣架上。在开学后短暂的一个月内，幼儿已经逐步养成良好的生活习惯，动手能力和自我控制能力也提高了。"

同时，除了基本的生活能力和行为习惯，幼儿的学习能力和学习品质也得到显著提升，幼儿在活动中积极主动、不怕困难，运用多种方式表达、敢于探究和乐于创造等，如通过班级"户外活动去向告示牌"，幼儿主动找到班级活动场地；幼儿自创安全标识，并自主选择健康活力卡(晨检卡)向其他同伴和老师表达心情，或了解其他同伴心情以做出适宜举动，发展幼儿社会性……

(二)全体教师的工作效率和专业性显著提升

幼儿园将精粹管理渗透到日常管理中，使得幼儿园的各项工作按一定程序有条不紊地进行，如课程中心的"家长一站式服务""会议一小时""一套工具"，各类文件、物品分类摆放，存放有序等，减少了教职工寻找物品的时间，提高了工作

效率。而且在精粹管理实施过程中，全园教职工全力参与，共同讨论精粹管理的落实，发挥了团结精神，使教职工更有归属感。

效率的提高使得管理者和教师从事务性工作中解脱出来，创造了更多时间来关注、观察、解读和支持幼儿的活动，教师的专业性得以提高，幼儿园三位一体课程也有了实施时间和专业性的保障。在精粹管理基础上，莲花北幼儿园课程已经历小中大班两轮循环实践，在课程目标、内容、实施和评价方面取得了良好成效，其成果已撰写成文本性资料——《幼儿园三位一体课程的实践和探索》，2016年年初由北京师范大学出版社出版。

(三)辐射更多幼儿园，持续发挥专业引领作用

幼儿园实施精粹管理后在环境方面变化最大，所有物品摆放有序，有名有家，一目了然，各类设施操作有指引，既美观又安全。整洁清洁的工作环境，不仅使教师士气得到激励，还增强了家长满意度，也成为其他幼儿园学习的对象：幼儿园多次接待来自全国各地的幼儿园园长考察团，如朱家雄老师率领的浙江名师团队考察团、北京朝阳区园长考察团；莲花北幼儿园史勇萍园长在 2015 年亚洲幼教年会和中国幼教年会上作题为《幼儿园精粹管理》的专题讲座，现场反响热烈。2016 年，深圳市福田区 36 所民办幼儿园全面实施精粹管理。同时，为落实深圳市第二期学前教育发展行动计划，整体提升学前教育质量，深圳市政府在全市开展精粹管理进园行动，并于 5 月 19 日召开启动大会，全面推进精粹管理进园行动①。

---

① 深圳市教育局.《深圳市精粹管理进园行动实施方案》. 深教[2016]207 号.

第二章　幼儿园精粹管理实践指引

幼儿园精粹管理以六要素为思维结构，以幼儿园教育教学、保育保健和行政总务为实施内容。此章将讲述精粹管理的总体标准，并结合精粹管理的实施案例，详细讲解实施内容各部分的细则标准。

第一节　幼儿园精粹管理标准

一、精粹管理的 22 条标准

莲花北幼儿园依据"六要素理论"，运用数量要素、空间要素、时间要素、质量要素、因果性要素和必然性要素，订立了幼儿园管理的 22 条标准（表 2-1），并附以实例照片，再利用定期的内审、精粹管理协会审核等，确保精粹管理的不断改善和提升，以实现其管理效用。

表 2-1　幼儿园精粹管理 22 条标准

六要素	22 条标准
1. 数量要素	1.1 尽量减少，够用就好，单一最好 1.2 设定存量，准确分类 1.3 节省资源，安全使用
2. 空间要素	2.1 处处有人管、处处有名称 2.2 直线直角布局，标识标签指引 2.3 有名有家，集中存放，离地 15 厘米
3. 时间要素	3.1 标明关键日期 3.2 按使用频率存放，先进先出 3.3 在 30 秒内取出或放回物品 3.4 做事有计划、有流程、有预案 3.5 每日检查清洁和维护，定期审核精粹管理 3.6 今日事、今日毕

续表

六要素	22 条标准
4. 质量要素	4.1 整体环境简约实用、通风明亮、环保安全 4.2 处处无积水、无异味、无死角、无破损 4.3 物品存放于合适的容器或层架，一目了然、清晰透明 4.4 运用目视管理，幼儿也能看得懂，做得到 4.5 操作流程、设备使用、危险预防及危险品警示等指引清晰 4.6 教职工自律、幼儿习惯好
5. 因果性要素	5.1 知其然，知其所以然 5.2 知行合一就是力量
6. 必然性要素	6.1 精粹管理的小发明、微创新 6.2 幼儿园精粹管理手册编制及定期更新

二、22 条标准的概念界定

(一)数量要素中的概念

【存量】物品储存设定最低和最高数量。

【分类】物品区别"需要和想要"与"需要和不需要"，按物品类别划分。

【资源】包括能源(水、电、气、体力)、空间、时间、人力、财力等。

(二)空间要素中的概念

【集中存放】同类物品或文件一站式存放。

【有名有家】有标签、有固定存放位置。

(三)时间要素中的概念

【关键日期】有效日期、购置日期、保修日期、开启日期等。

【使用频率】物品按高、中、低使用频率划分。

【先进先出】先购或先入的物品先出库使用。

【公告】园内通过各种渠道向教职工、家长等发出的通知、计划、文件等。

【流程】做事的先后顺序。

【审核】对照精粹管理标准对幼儿园现场各观察点进行检查，并找到需要整改和亮点的部分，不断完善现场。

(四)质量要素中的概念

【环保】室内外尽量绿化，使用自然物品，循环再用。

【目视管理】利用各种视觉感知信息的方法来做现场管理，如运用实物照片、颜色、数字、图形、标记、标识等。

【一目了然、清晰透明】尽量使用玻璃容器，减少柜门，增加透明度，一眼能看到物品及存量等。

【危险品】幼儿园里对幼儿或成人产生危险的工具和化学品。

【自律】通过自我要求，自觉地遵循法则。自律不是规章制度束缚人，而是用自律的行动共同创造井然的秩序，为自己争取更大的自由。

(五)因果性要素中的概念

【知其然，知其所以然】知道怎么做，还知道为什么这么做。

【知行合一】知道还能做到。

(六)必然性要素中的概念

【小发明】具体操作层面有效的新做法。

【微创新】对流程、标准等细节的持续提升，持续有效。

第二节　幼儿园精粹管理的实践案例

精粹管理在莲花北幼儿园的运用是综合性和全面性的，但为了方便教师或幼儿园借鉴及实施精粹管理，在本书中我们将精粹管理的运用分为三大模块：教育教学、保育保健和行政总务，虽然这三部分在目标层面、实施层面等不可避免地有重合的地方。

三大模块的实施层面均具有多样的维度，因此在每个模块我们均会呈现两个维度，一是从环境、标识与行为维度，以指引表的形式总体性概括精粹管理的运用，幼儿园可对照此表格做精粹管理的自我审核与实施。二是按活动类型划分，每一个模块隐性包括三个子模块(整体讲述每个模块的子模块，不单独分节讲述子模块)，按 22 条标准说明三大模块的精粹管理实施内容，幼儿园可对照具体案例深入理解精粹管理的专业化和精细化。

三大模块的实施场所各异，教育教学模块发生场所在班级教室、功能教室、走廊和户外活动场地；保育保健发生场所在保健室、厨房、教室(班级保育员承担的保育卫生)和卫生间；行政总务发生场所在仓库、办公室和有诸如消防设备、修理设备、电器设备等的场所。

需要说明的是，我们以三大模块为纲，运用六要素中的数量、空间、时间、质量四要素说明，而因果性要素和必然性要素是内化后的精粹管理的综合体现，将在本书做统一说明。最后，我们会以幼儿入园活动为例，列举精粹管理六要素在幼儿园的综合运用。

本书主体以 22 条标准为抓手，详细讲解三大模块的精粹管理，内容在精粹管理上各有侧重，因此我们会用案例详细讲解其侧重的标准点，也会省略在某模块体现不明显的标准点。

表 2-2　本书的案例撰写框架

精粹模块	分类维度 1	分类维度 2	实施主体	发生场地
教育教学	环境	学习活动	教师与幼儿	教室、功能室、走廊、户外场地
	标识	生活活动		
	行为	运动活动		
保育保健	环境	幼儿保育	保健医生、保育员、厨师	保健室、厨房、教室、卫生间
	标识	卫生保健		
	行为	膳食卫生		
行政总务	环境	行政工作	行政人员、维修人员	仓库、办公室，有诸如消防、修理、电器等的场所
	标识	仓库工作		
	行为	设备设施工作		

一、教育教学精粹管理

（一）教育教学精粹管理指引表 🌸

从环境、标识与行为的现场实施角度划分教育教学精粹管理，幼儿园可对照此表进行精粹管理的自查，也可用作对园所教职工精粹管理实施的评价工具。其中在"内容"栏，详细列举环境、标识与行为三方面的具体精粹管理要求、细则等，"指向标准"一则体现精粹管理的综合性，一条内容指向多条标准；二则说明了 22 条标准在教育现场是如何具体运用的。

表 2-3　教育教学精粹管理指引表

	内　　容	指向标准
环境	整体环境安全整洁、光线充足、通风干爽、温度适宜	4.1/4.2
	班级尽可能采用直线直角布局，不堵塞前后门，有班级精粹管理平面图	2.2/4.1
	班级物品按形状、颜色、材质、功能、使用频率等准确分类、集中存放，数量适宜，有名有家，定点定位，并用合适的容器收纳	1.1/1.2/2.3/3.2/4.3

续表

内　容	指向标准
物品尽量离地15厘米，利于维护和清洁	2.3
教室、走廊等处种植、摆放植物	4.1
教师班务工作栏：幼儿出勤记录本、班级交接班本、幼儿家长通讯录、户外活动安排表等	1.1/3.6
一张中、大班《幼儿分区管理员安排表》	1.1/2.1/3.4
一套进区工具：学习区进区卡、学习区计划表、学习区区牌	1.1/2.1/3.4/4.4
一套印章：幼儿名字印章、日期印章、印泥等	1.1/2.2/2.3/3.1/4.3
一套植物护理和观察工具：植物护理牌、剪刀、抹布、棉签、放大镜、尺子、记录本、笔等	1.1/2.3/3.6/4.4
一本幼儿《成长档案》	1.1/2.2/2.3/3.3/4.3
一套幼儿清洁工具：小扫把、小簸箕、抹布等	1.1/3.5/3.6/4.6
一份幼儿也能看得懂的《幼儿一日活动安排表》	1.1/3.4/4.4
一套留言工具：家长留言本和笔	1.1
一张《户外活动去向牌》	1.1/2.2/4.5
教师私人物品减至最少，集中存放	1.1/2.3
备用玩教具放置处物品准确分类，摆放整齐，一目了然	1.2/2.2/2.3/4.3
幼儿毛巾架、书包柜、杯子架等个人用品存放处，贴有姓名或照片	2.2/2.3/3.3/4.3/4.4
细小材料有"勿放入口、耳、鼻中"提示标识 剪刀、小刀等有"小心使用"提示标识	1.3/2.2/4.5
按幼儿年龄段及认知水平，设计教室标识及规则	4.4
张贴来园离园五件事、喝水、洗手、叠衣物等流程图	2.2/3.4/4.5
计划表、通知、幼儿操作单等尽量保持一页内容	1.1/3.1/3.4
《家园互动》宣传栏有标题、责任人，张贴和取下日期等标签	2.1/3.1
家长会一站式服务标牌：签到处、饮水处、资料自取、座牌、笔等	2.2/2.3/4.4
幼儿会整理私人物品，如书包、衣服、汗巾、被子、鞋袜等	4.6
幼儿做事有流程，如按流程洗手、如厕后冲厕所等	3.4/4.6
幼儿能根据逃生路线图进行紧急疏散	4.5/4.6
幼儿来园五件事，离园五件事	3.6/4.6
教师来园五件事，离园五件事	3.6/4.6
幼儿和教师均能及时整理或清洁自己使用过的物料	3.5/3.6/4.6

左侧纵向分类：环境、标识、行为

(二)教育教学精粹管理 22 条标准解析

教育教学部分隐性包括学习活动(含学习区活动)、生活活动、运动活动,即每条标准下的案例隐性遵循此顺序。

1. 数量要素标准

1.1　尽量减少,够用就好,单一最好

案例1

图 2-1-1　幼儿姓名印章定人定位

案例说明

(1)每个姓名印章上均刻有幼儿姓名;

(2)用绿色和橙色两色区分幼儿性别;

(3)每个姓名印章与放置盒均用数字一一对应。

设计目标

(1)幼儿入园后,为每个幼儿定制一个姓名印章,可使用至幼儿毕业。此姓名印章方便幼儿自己、教师乃至保育员快速盖章,如为幼儿的作品署名,也可方便教师根据盖有幼儿名字的资料确认幼儿家长是否取走资料;

(2)幼儿识别自己性别对应的颜色,根据编号快速拿取姓名印章,使用完后能根据颜色、编号知道姓名印章应放在哪里;

(3)在姓名印章里渗透学习知识,数的对应、点数、颜色与性别分类等。

设计建议

在渗透学习知识时,需要根据班级幼儿年龄特点和幼儿实际发展水平,渗透不同的教学目标。如教师认为小班幼儿较难从 20 个以上的众多姓名印章中识别自己的,于是先用颜色将性别分类,小班幼儿也处于颜色认知偏好中(当

然也可采取形状、大小等因素做性别分类），再用数字排序；中班则可不用性别分类，但可以加深对一一对应的渗透，如用动物、形状等将姓名印章与放置盒一一对应；大班则可以用连续的大小、颜色渐变等让幼儿学会自动取放姓名印章。

案例 2

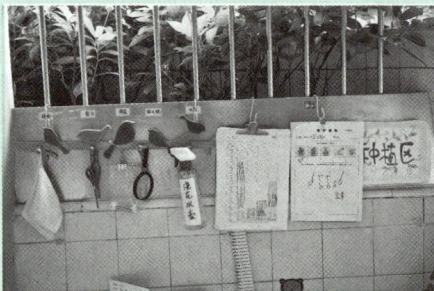

图 2-1-2　中班幼儿植物护理一套工具　　图 2-1-3　大班幼儿植物护理一套工具

案例说明

配置剪刀、放大镜、抹布、小型喷水壶各一个，棉签一袋、记录本 2 个。

设计目标

(1)幼儿自主观察、护理班级植物，培养幼儿的责任感；

(2)幼儿尝试在记录本上连续记录植物生长过程，发展幼儿科学探究能力；

(3)用文字标识物品，让幼儿了解文字与物品的对应关系，感受文字的实际作用。

设计建议

大班幼儿可用汉字标识物品，中班可以使用其他方式表达一一对应关系，如表征图，小班则可用简单的颜色、形状、图案等，小班注意谨慎提供剪刀，或用安全标识提醒幼儿小心使用剪刀。

案例 3

图 2-1-4　幼儿擦手毛巾

图 2-1-5　幼儿每人一把椅子

图 2-1-6　幼儿每人一张床

图 2-1-7　幼儿每人一格书包柜

案例说明

（1）幼儿每人 1 条毛巾，每条毛巾均标明幼儿姓名；

（2）根据幼儿身高，设置不同高度挂毛巾。

设计目标

（1）幼儿能根据自己头像或姓名找出并使用自己的专用毛巾，一则培养幼儿良好卫生习惯，二则避免交叉使用带来的细菌、病毒传播；

（2）取放高度不同，一则照顾不同幼儿的身体发展需求，二则避免集体洗漱带来的拥挤现象。

设计建议

幼儿生活用品私人化、物权化，可保证幼儿使用自己专属的物品，避免交叉使用，如水杯、拖鞋、小床、画笔等均可如此，如图 2-1-4 至图 2-1-7。

案例 4

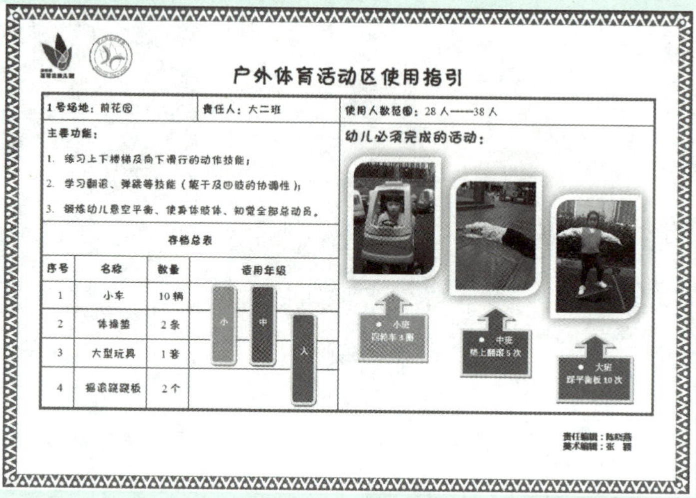

户外体育活动区使用指引

1号场地：前花园 | 责任人：大二班 | 使用人数范围：28人——38人

主要功能：

1. 练习上下楼梯及向下滑行的动作技能；
2. 学习翻滚、弹跳等技能（躯干及四肢的协调性）；
3. 锻炼幼儿悬空平衡、使身体肢体、知觉全部总动员。

存档总表

序号	名称	数量	适用年级
1	小车	10辆	小
2	体操垫	2条	中
3	大型玩具	1套	大
4	摇滚跷跷板	2个	

幼儿必须完成的活动：

责任编辑：陈晓燕
美术编辑：张　颖

图 2-1-8　户外体育活动区使用指引

案例说明

(1)规定生态园同一时间的使用人数范围；

(2)明确小、中、大班的活动器材及数量；

(3)规定不同年级幼儿必须完成的体育活动，预设该区域承担的幼儿体育活动的发展目标。

设计目标

(1)明确各户外体育活动区所承载的体育活动目标，并细化到体育器材承载的小、中、大班幼儿的运动目标上，保证幼儿体育目标的达成。

(2)用数字、图示、颜色等限定活动人数、活动适宜的年级、器材数量、正确的动作示范等，以确保幼儿的活动安全。

设计建议

教师可根据园所户外活动场地的具体情况，预设不同活动场地的运动目标及可容纳的运动器材，规定班级幼儿适宜的活动，且告诉教师必须指导或观察幼儿完成的动作，以保证幼儿运动活动的价值与安全。

图 2-1-9 幼儿户外活动一套工具

案例说明

(1)一套工具,包括防蚊液、一盒纸巾、梳子;

(2)户外活动时,教师只需将篮子携带。

设计目标

(1)防蚊液以防止幼儿被蚊虫叮咬,保证幼儿正常体育活动及安全;

(2)梳子以预防女孩在运动时头发散落,保证幼儿活动安全;

(3)纸巾以供老师随时帮幼儿擦拭或幼儿自主擦拭。

设计建议

教师可根据班级幼儿特点,选取户外活动的一套携带工具。我们的目的是保证幼儿户外活动的便利性、安全性和常规性。

1.2 设定存量,准确分类

案例 1

图 2-1-10 小班数学区材料

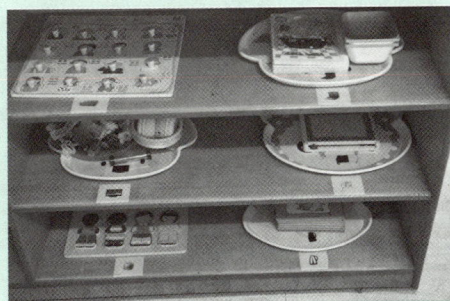

图 2-1-11 小班语言区材料

图 2-1-12　中班数学区材料　　　　　图 2-1-13　大班数学区材料

案例说明

(1)按照材料的功能与性质对材料分类，每个班级可有数学区、语言区、科学区、美工区等若干个学习区；

(2)同一个区域采取同类标识；

(3)学习区材料托盘、置物篮或材料本身所贴的标识与学习柜上的标识一一对应。

设计目标

(1)通过看托盘上的标识与学习柜上的标识，幼儿知道材料的位置，学会自主取放、整理材料；

(2)通过看托盘与学习柜标识，同伴可互相帮助、示范，发挥学习共同体效用。

设计建议

不同班级、年级需根据幼儿发展目标和现有的知识接受水平采取不同的标识来进行分类。小班可采用幼儿常见的动物、水果、物品、颜色、实物对应、家庭人物、常见建筑物，甚至广为人知的动画片角色；中班可以采用数字、简单的汉字、材料本身的缩略图、影子配对、幼儿表征图等，大班可以采用汉字、词语、成语、谜语、加减法，甚至是形状、图形渐变、大小渐变、箭头指向等。

图 2-1-14　非午睡时间拖鞋放置于挂钩上 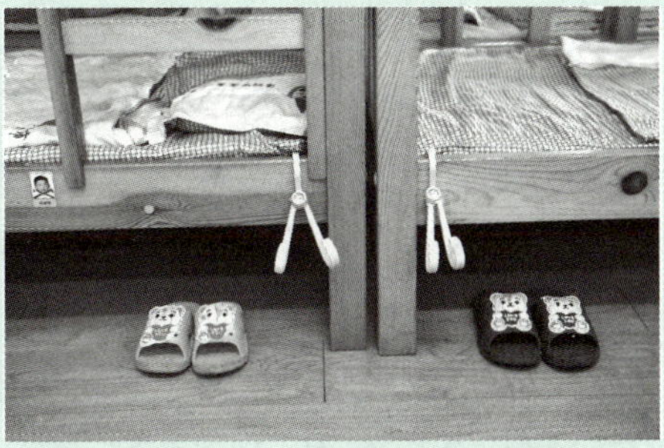　　图 2-1-15　午睡时拖鞋放置于线上

案例说明

不同时期睡室拖鞋摆放在不同位置。图 2-1-14 幼儿非午睡时间的拖鞋放置于挂钩上；图 2-1-15 幼儿午睡时拖鞋放置于"点/线"处，方便起床后穿鞋。

设计目标

(1)不同时间将拖鞋摆放在不同位置，既整齐又不影响通行，也方便教师打扫；

(2)通过挂钩、点或线的标识设置，幼儿知道自己鞋子应放在哪里，能快速取放拖鞋，也方便穿脱鞋。

设计建议

如果幼儿园没有固定性的床铺，可在床铺上设置点，午睡时将鞋摆放在点处；非午睡时可将拖鞋集中放置于鞋架上。

案例 3

表 2-4　操场西体育器材存量记录表

数量 名称	猴尾巴	火箭	流行球	沙包	太阳伞	拉力器	小篮球
总数	40 条	19 支	10 个	40 个	2 个	40 个	20 个
最高存量	40 条	19 支	10 个	40 个	2 个	40 个	20 个
最低存量	30 条	15 支	8 个	30 个	1 个	30 个	15 个

案例说明

操场西处体育器材的高低存量说明。

设计目标

保证活动器材满足幼儿活动的需要。

设计建议

根据场地大小、幼儿人数等因素确定器材的高低数量。

1.3 节省资源，安全使用

案例 1

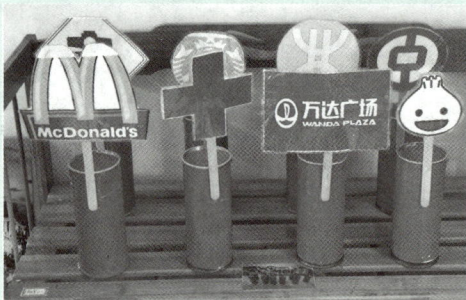

图 2-1-16　建构区自制易拉罐场景标识

图 2-1-17　建构区自制易拉罐交通标识

案例说明

(1)利用饮用完的饮料瓶自制成各类标识，为建构区增加辅助材料，支持幼儿更丰富的建构活动；

(2)粘贴各类图案表示不同类型的标识，如交通标识、职业标识、场所标识等，既美观又制作方便。

(3)需注意将易拉罐密封包裹好，防止幼儿割伤手，保障幼儿使用安全。

设计目标

(1)节约资源的同时，保证幼儿使用安全；

(2)丰富建构区辅助材料，创设搭建情境，支持幼儿的建构行为。

设计建议

利用生活中常见的材料，既能节约资源，也能增加幼儿的亲近感和熟悉度，更好地渗透教育意义。同时发挥教师的材料支架和情境支架，支持幼儿的游戏与学习行为。

案例 2

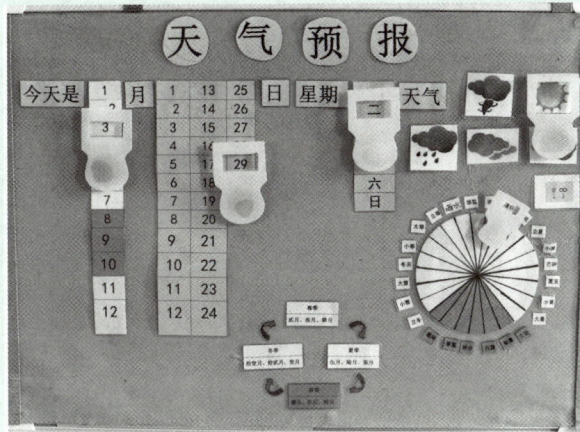

图 2-1-18 大班自制天气预报图

案例说明

(1)大班教师自制天气预报图，包括每天天气预报(晴天、雨天、雷阵雨、多云等)、星期、日期(年、月、日)、季节(春、夏、秋、冬)、24 节气；

(2)日期、季节与节气使用颜色一一对应，如橙色为 8 月、9 月、10 月，是秋季，对应节气是立秋、处暑、白露、秋分、寒露和霜降。

设计目标

(1)教师利用简易的纸张将日期、星期、季节、节气、天气等融为一体，引导幼儿识别天气、星期、日期、季节和节气，增加幼儿对时间和其所代表的实际意义的具体感知；

(2)利用颜色暗示，幼儿通过认识月份，进而认识月份所对应的季节和节气，促进幼儿对季节、节气的认识和它们之间的关系，丰富幼儿的生活与科学常识；

(3)通过这一套材料，幼儿能认识常用的汉字，如季节下的"壹月、贰月……""星期一、星期二……"和 24 节气汉字。

设计建议

生活皆教育，简单的材料经过教师的设计，成为一套渗透多学科、多领域，并与生活息息相关的教具。

案例 3

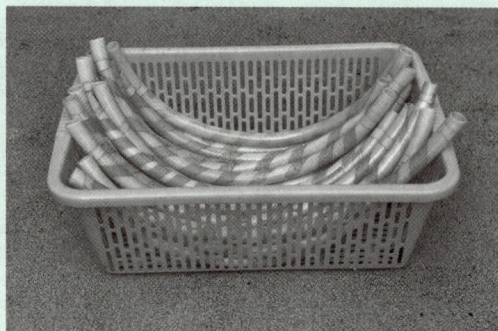

图 2-1-19　废旧材料再利用

案例说明

利用常见的废旧材料自制体育器材——软管，节约资源。

设计目标

(1)节约资源，软管的制作均使用的是废旧水管；

(2)软管属于低结构材料，幼儿可有多种玩法，如徒手操、蛇形跑、投掷等，锻炼幼儿多项动作的发展。

设计建议

针对幼儿人数、体育发展目标及喜爱程度，善用废旧资源，渗透适宜的体育发展目标。

案例 4

图 2-1-20　大型玩具的安全提示

图 2-1-21　大型玩具的安全提示

案例说明

在大型运动器械处设置安全站位点。

设计目标

教师站位合理，避免视觉盲点，保证实时观察幼儿，确保活动中的幼儿安全。

设计建议

合理化教师的站位，尤其是在幼儿自由体育活动和有中大型固定器械处，保证教师的视线不出现盲点。

2. 空间要素标准

2.1　处处有人管、处处有名称

案例 1

图 2-1-22　小班幼儿植物　　　图 2-1-23　植物护理标识

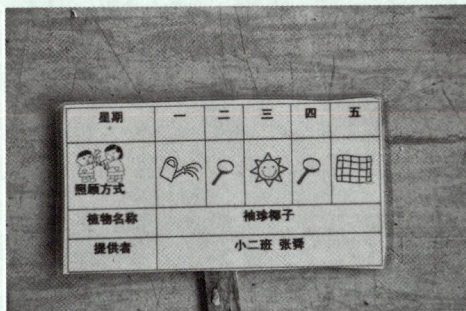

案例说明

（1）幼儿每人从家里带一盆植物到幼儿园养植；

（2）每株植物配护理标识牌，每张牌上标明该植物所属幼儿姓名，用幼儿能看得懂的方式说明植物周一至周五每天不同的护理方法或事项，如图中植物周一需浇水、周二需观察，直至周五的记录（不同年级，幼儿记录的方式不同）。

设计目标

（1）幼儿清楚地知道每天如何护理该植物，培养幼儿的责任感和对植物的喜爱；

（2）促使幼儿观察与护理植物，培养幼儿的探究能力，充实幼儿科学知识。如幼儿可在浇水过程中感受植物与水的关系、通过放大镜观察植物的纹理或植物的生长方向、了解植物的向阳性或喜阴性、测量植物的生长等，并学会用自己的方式记录。

设计建议

小班幼儿记录较少，可提供简单的记录单，如给叶子涂色的记录单，或者用直尺测量植物的生长，并在尺子上做记录；中大班可尝试配置记录本，鼓励幼儿用自己的方式记录植物的生长，可用简单的图示记录自己每天如何照顾植物；大班则可用汉字与图示结合的方式来记录。

案例 2

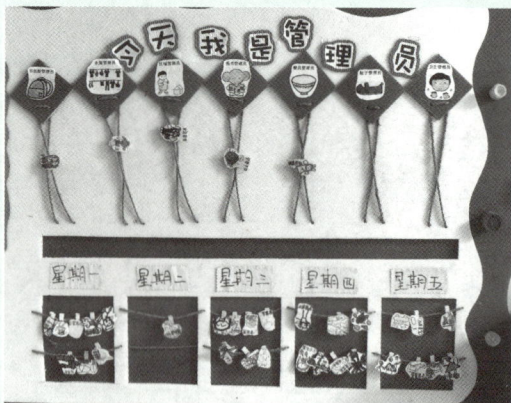

图 2-1-24　中班幼儿管理员制度　　图 2-1-25　大班幼儿管理员制度

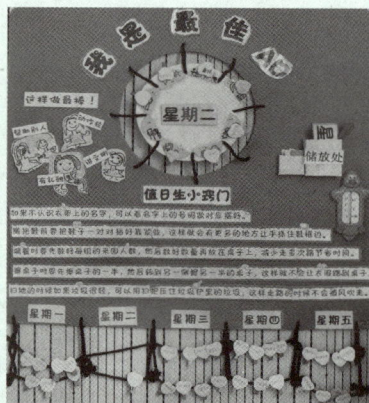

案例说明

班级根据各种活动设置每日管理员，如午餐管理员、学习区管理员、盥洗室管理员等。

设计目标

(1)培养幼儿自我服务和服务他人的习惯；

(2)通过幼儿轮流管理，培养幼儿责任感、归属感和自我效能感。

设计建议

中大班可尝试设置管理员，如盥洗室、睡眠室、学习区、午餐等管理员，甚至可以将学习区管理员再次细化，分为语言区管理员、科学区管理员等，实现教室每个区域均有幼儿管理，形成以班级幼儿为管理主体的良性循环。

案例 3

图 2-1-26　家园共育栏　　　　图 2-1-27　宣传板责任人及要求

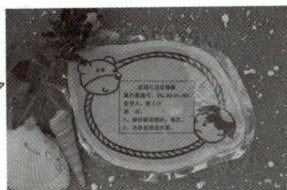

案例说明

班级门口张贴的家园互动栏，包括周课程、育儿宝典和温馨提示。

设计目标

(1)全园统一编码，从编码即可看出所属班级，方便公告的集中管理与识别；

(2)标明责任人及负责事项，可操作可检查。

设计建议

对园所班级的通知公告或其他宣传栏可按同一思路设置编号；标明负责人及具体要求，便于管理与检视。

案例 4

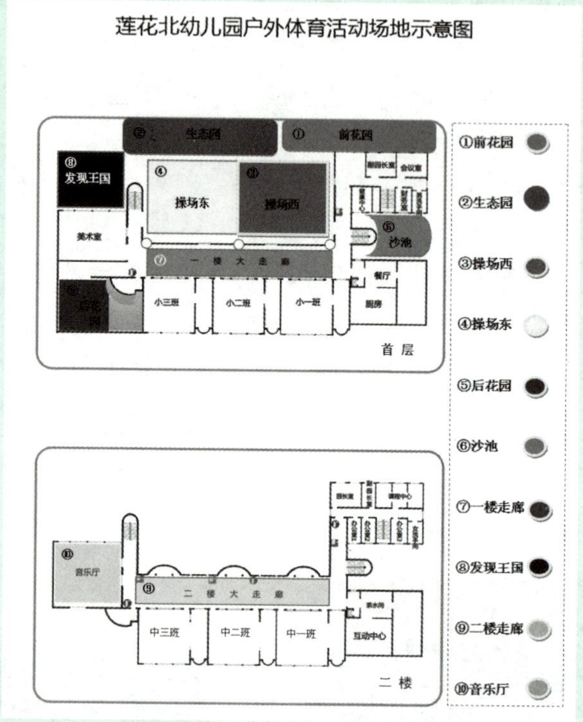

图 2-1-28　体育活动场地示意图

案例说明

用颜色、数字、汉字三种方式说明幼儿园户外体育活动场地划分与场地具体名称。

设计目标

(1)全园均可理解幼儿园户外活动场地具体名称和对应位置；

(2)让幼儿学会看简单的平面图、示意图等，支持幼儿在日常观察中积累有益的直接经验和感性认识，并发现数字、颜色、汉字之间明显的关联。

设计建议

教师可尝试设计简单的平面示意图，如教室的示意图、区角的示意图、玩具摆放的示意图等，或尝试让幼儿画简单的示意图，发展幼儿的表征、探究能力。

2.2 直线直角布局,标识标签指引

案例 1

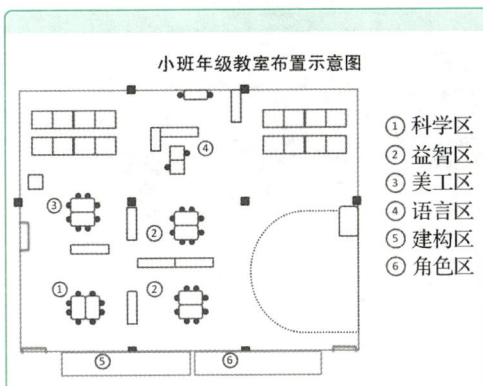

小班年级教室布置示意图

① 科学区
② 益智区
③ 美工区
④ 语言区
⑤ 建构区
⑥ 角色区

图 2-1-29 教室平面布局示意图　　　　**图 2-1-30 教室走廊布局**

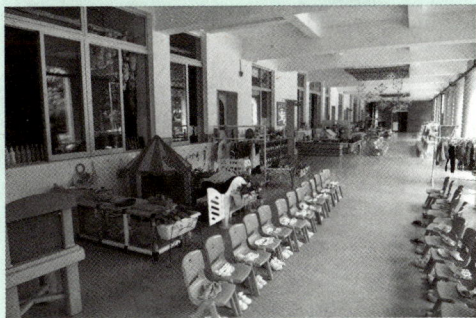

图 2-1-31 美术室布局

案例说明

利用标识线或桌子等物品让室内外成直线直角布局。

设计目标

不阻塞通道,保证空间最大化利用,同时减少碰撞,保证幼儿活动安全。

设计建议

幼儿园可根据自己园所地形和场地的设施设备,设计适宜的布局。

案例 2

图 2-1-32　小班美工区彩笔摆放

图 2-1-33　中班美工区彩笔摆放

案例说明

(1)幼儿画笔按颜色分类,每组画笔分开放置;

(2)每组画笔有指定放置位置。

设计目标

(1)画笔的颜色与位置标签颜色一一对应,幼儿可快速取放;

(2)幼儿可自主管理学习区材料,养成良好的行为习惯。

设计建议

设计的目标是让幼儿知道应该在哪里取用,用完放回何处。因此,只要是幼儿可以接受的标识标签或方便取放的位置都可以,不需局限于图中的标识标签。

案例 3

图 2-1-34　幼儿饮水等候标识 1

图 2-1-35　幼儿饮水等候标识 2

案例说明

根据不同班级布局设置不同的排队线，指引幼儿有序排队喝水。

设计目标

幼儿饮水自理，且在人多情况下，有序排队喝水。

设计建议

(1)需根据教室布局确定排队最多几人，用小脚印或其他标识表示排队限制人数，幼儿发现如果接水人数较多，则稍后再来接水喝；

(2)用标识表示接完水后幼儿该站在何处喝水，防止幼儿都拥挤在饮水机处。

案例 4

图 2-1-36　幼儿园上下楼梯标识

案例说明

上下楼梯采用小脚标识提醒幼儿靠右上下楼梯。

设计目标

避免无序上下楼梯产生的拥挤碰撞现象，保证幼儿上下楼梯的安全。

设计建议

遵循上下楼梯不同方向原则，可设置适合本园风格的地面标识。

案例 5

图 2-1-37 自行车放置布局

图 2-1-38 摇马放置布局

图 2-1-39 跨栏放置布局

图 2-1-40 钻爬器放置布局

案例说明

图中体育器材均直线直角布局，标识标签指引。

设计目标

(1)巧用直线直角布局，提高空间利用率；

(2)简单大方的布局，方便取放、管理器材；

(3)培养幼儿良好的收纳习惯，提高自我服务和服务他人的能力。

设计建议

根据器材数量及预设的幼儿发展目标，张贴不同类型或不同难易程度的标识标签。

2.3　有名有家，集中存放，离地 15 厘米

🌱 **案例 1**

| 图 2-1-41　数学区材料放置 | 图 2-1-42　建构区材料放置 |

案例说明

(1)同一学习区材料集中存放于一处；

(2)不同学习区使用不同存储方式(如建构区采用建构材料的形状作为标识；数学区采用图案与影子配对的标识)丰富幼儿经验，同一学习区尽量采取同一存储方式；

(3)不同年级需根据幼儿年龄采用不同标识，包括图案配对、动物配对、数字配对，材料本身的图片文字、配对或两两结合等标识。

设计目标

(1)幼儿根据名称、标识，自主取放材料；

(2)培养幼儿良好的整理收纳习惯。

设计建议

学习区的材料通过有名有家、集中存放，让幼儿学会自主取放，因此只要是能让幼儿明白如何取放材料的标识均可，如动物、植物、动画片角色、颜色、形状、数字、汉字、物品的图片，甚至是幼儿自创的标识。

案例 2

图 2-1-43　幼儿书包柜管理

案例说明

班级门外设置的书包柜，幼儿进班前自主将书包放入标有自己姓名或贴有自己照片的书包格中。

设计目标

(1)幼儿进班前，根据自己照片或姓名所指示的位置，放好自己的书包；离园时背上自己的书包。秩序化的流程有利于避免拥挤、保证安全；

(2)促使幼儿自我服务与自我管理，培养幼儿对班级的归属感。

设计建议

班级教师可以将幼儿均有的物品统一管理，如幼儿的书包、口杯、毛巾、被褥等，一是方便取放与管理；二是渗透许多教育教学知识，尤其是规则与秩序、生活习惯与生活能力的培养。

案例 3

图 2-1-44　幼儿成长档案集中存放

案例说明

(1)幼儿的成长档案有两色，男孩用蓝色，女孩用粉色；

(2)每一份成长档案均有与柜子对应的图案，如菠萝。

设计目标

(1)幼儿根据性别，找到对应的性别所属区域，再根据自己的姓名拿出成长档案袋；根据档案袋上的图案与柜子上的图案，一一对应将档案袋放回；

(2)锻炼幼儿自主取放、收纳的能力。

设计建议

园所可采取多样的对应方法，如图案对图案、汉字对汉字、照片对照片，或根据颜色渐变来一一对应，将整理趣味化，让幼儿也能做到有序整理。

案例 4

图 2-1-45　垫子的放置

图 2-1-46　羊角球离地存放

图 2-1-47　小型运动器材放置

案例说明

（1）不同体育器材离地 15 厘米存放；

（2）不同材料用不同收纳方式，均集中存放，如垫子放在自制 PVC 管架上、羊角球悬挂在挂钩上、小型的运动器材放置在篮筐里等。

设计目标

（1）正确存放材料用来保证材料质量，延长材料使用寿命；

（2）方便幼儿取放；

（3）方便清洁，不留死角。

设计建议

不同材料需选择适宜的存放方式。

3. 时间要素标准

3.1 标明关键日期

案例 1

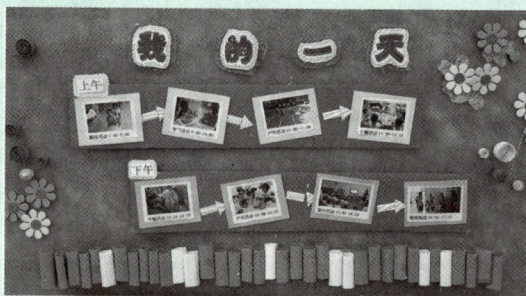

图 2-1-48　小班一日活动安排表

图 2-1-49　中班一日活动安排表

图 2-1-50　大班一日活动安排表

案例说明

(1)小班运用幼儿在园生活的实景照片,采取简单的左右顺序,并标明幼儿生活各环节的起始时间、持续时间;中大班使用幼儿表征图代表各环节,并用圆形图的形式渗透时间概念;

(2)在一日活动开展中,幼儿将标识或指针移到对应环节处。

设计目标

(1)强化幼儿对一日生活的认识,培养幼儿活动的预知性和计划性,让幼儿知道接下来会发生什么。这对小班幼儿尤其重要,有利于弱化幼儿在园焦虑,培养幼儿安全感、信任感和归属感;

(2)培养幼儿的生活习惯,养成规律的生活作息;

(3)小班采取实景照片,中大班采取表征图,不同的表征方式适合不同年龄段幼儿,保证幼儿看得懂一日生活安排;

(4)增强幼儿对时间的认识,如对时间点和时间段的认识。同时,培养幼儿的观察力、表征力和理解图片与生活的关系,培养幼儿关联性和因果性思维。

设计建议

(1)根据班级幼儿年龄与发展水平,可以丰富一日活动安排表的形式,如树型、时间轴、螺旋上升图等,渗透时间、空间概念;

(2)可以丰富一日生活各环节的表征方式,如用照片、幼儿作品、简易图、汉字等表示,渗透认知发展目标。

案例 2

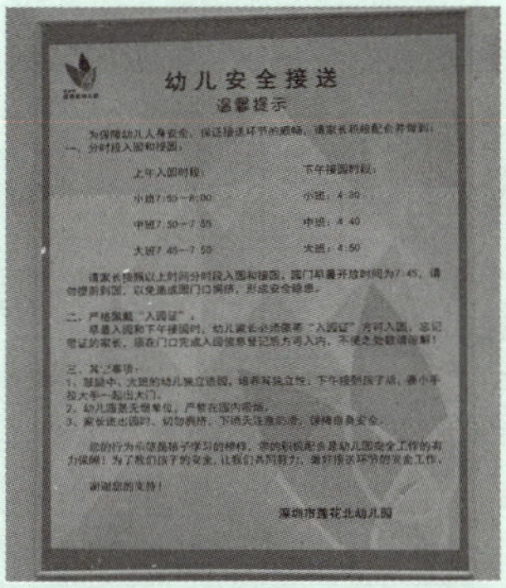

图 2-1-51　幼儿安全接送提示

案例说明

幼儿园大门外张贴幼儿安全接送表，提醒不同年级幼儿的家长，需遵守此年级的入园和离园时间。如大班幼儿入园时间是7:45～7:50，中班是7:50～7:55，小班是7:55～8:00。离园时间小班是16:30，中班是16:40，大班是16:50。

设计目标

错开人流，防止拥挤，避免拥堵造成的安全隐患。

设计建议

根据幼儿园幼儿人数，如果班级多、幼儿多，可尝试按年级、按班级分梯次入离园，以避免拥堵，发生安全事故。

案例 3

2014—2015 学年度第一学期

幼儿园户外活动各区域体育器材调配方案

制定时间 2014 年 9 月 5 日

图 2-1-52　体育器材调配方案

案例说明

在体育器材调配方案上标明关键日期。

设计目标

(1)标明日期，保证幼儿在规定时间内正常活动；

(2)计划、方案类标明日期，方便后期材料文本收集与分析。

设计建议

体育类公告、计划、方案等可针对不同对象，选择不同方式的日期标明方法。

3.3　在 30 秒内取出或放回物品

案例 1

图 2-1-53　幼儿图书管理方式 1

图 2-1-54　幼儿图书管理方式 2

图 2-1-55　幼儿图书管理方式 3

案例说明

（1）第一种管理方式中，采取的是图形与图形一一对应的方式进行管理，同样，还可以利用数字与数字、数字与图形、照片与照片等一一对应的方式来管理；

（2）第二种采取颜色分类的方法，不同类型绘本书脊设置不同颜色，同时不同书架贴上不同颜色，根据颜色对应将绘本放在对应的书架中；

（3）第三种则采用颜色与形状相结合的方式对图书进行分类，同一形状的图形如三角形，分别有四种颜色，黄色、红色、紫色、蓝色，只有颜色和形状都正确，才是图书的正确放置位置。

设计目标

（1）在 30 秒内取出或放回图书，节约幼儿找书或还书的时间；

（2）在小班可设置单一维度一一对应的标识，中班和大班可设置两种维度甚至多维度一一对应的标识。

设计建议

可根据不同年龄幼儿的发展水平，在标识中依次渗透不同领域、不同难度的发展目标。但标识标签的张贴高度和地点都必须仔细考虑，方便幼儿看到这些标识。

案例 2

图 2-1-56　沙水区鞋套放置

图 2-1-57　沙水区护衣放置

案例说明

沙水区的鞋套整齐放在 PVC 管里，护衣挂于墙上。

设计目标

方便幼儿自主取放鞋套与护衣。

设计建议

幼儿活动中需要的物品可集中摆放，幼儿根据活动的需要自取物品。

案例 3

图 2-1-58　幼儿根据标识自主挂、取衣服

案例说明

(1)将幼儿衣架上贴上幼儿姓名或照片;

(2)将衣架贴上色块,提示不同小组的幼儿将衣架挂在不同颜色色块处。

设计目标

幼儿根据衣架上的名字、照片和色块,自主挂、取衣服。

设计建议

大多数幼儿园对口杯、毛巾等做了"精粹管理",幼儿能做到自主取放,但在衣服方面,更多现实情况是教师帮助幼儿晾晒衣服,既加重教师的工作负担,也减少了幼儿学习的机会。因此,幼儿园可以将管理口杯、毛巾的经验迁移到衣服的自助服务等方面。

案例 4

图 2-1-59　橄榄棒存放

图 2-1-60　呼啦圈存放

图 2-1-61　小车的停放

图 2-1-62　跳袋的存放

案例说明

(1)利用废弃的PVC管存放橄榄棒,橄榄棒一一摆放,方便取放;

(2)利用废弃的PVC管制成挂钩,悬挂呼啦圈,方便呼啦圈的存放;

(3)利用地面数字与小车上的数字一一对应存放小车,幼儿自主取放小车;

(4)利用挂钩颜色与跳袋颜色一一对应存放跳袋,幼儿自取跳袋。

设计目标

(1)巧用空间资源与材料资源,提高空间利用率和废旧材料利用率;

(2)设定每个挂钩上存放的数量,保证幼儿容易收纳与整理材料,如每个PVC挂钩上有三个点表示此处存放三个呼啦圈;

(3)在取放材料时,感知数在生活中的运用,体验数学的有趣和有用,增加幼儿关于一一对应关系的经验感知等。

设计建议

(1)可就地取材,设计适合园所存放的储物盒/柜/架等;

(2)采取多样的对应标识,丰富幼儿关于物与数、物与图案、物与照片、颜色与颜色的对应关系,发展幼儿的观察能力。

3.4 做事有计划、有流程、有预案

案例 1

图 2-1-63 小班进区卡(笔筒)设置　图 2-1-64 小班进区卡(粘勾)设置

案例说明

(1)不同小班学习区进区卡采用不同的材料,但幼儿只有将自己的进区卡插入某区,才可进入该区操作材料;

(2)以区域为单位,进区卡槽设在进区处;

(3)如果进区卡槽已插满进区卡或挂钩处挂满进区卡,则不能再选择此区。

设计目标

(1)无论是幼儿自己的照片还是姓名,均为了保证幼儿准确找到自己的进区卡,并知道插到自己想去的区域,即进区卡与进区牌均为了引导幼儿做进区计划;

（2）幼儿知道进区卡的笔筒数量或挂钩数量代表该区允许进的人数，如果某区已经插满进区卡，则只能换区操作，智能化限制学习区活动的幼儿数量，从空间和数量上保证学习区活动的质量；

（3）结合小班幼儿精细动作发展的需求，巧用笔筒或粘勾，促进幼儿手眼协调和小肌肉动作的发展。

设计建议

进区流程设置需根据幼儿认知水平，小班幼儿多用自己照片，中班则可用姓名、幼儿能识别的表征图或自画像，大班则可配置进区手册，尝试按天连续性记录学习情况。

如果在幼儿做学习计划的过程中，隐性渗透幼儿发展目标更佳，如小班幼儿可聚焦于手眼协调和小肌肉动作发展，中班幼儿可聚焦于观察力、小肌肉动作、手部力量的发展，大班可提高精细动作难度及锻炼幼儿目视管理能力，如图 2-1-65 至图 2-1-68。

图 2-1-65 小班进区卡——夹木夹

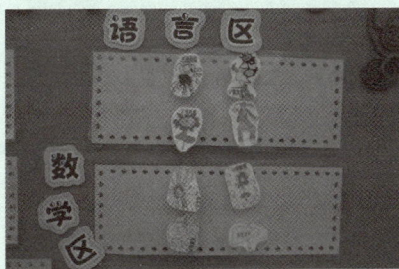

图 2-1-66 中班进区卡——粘自画像

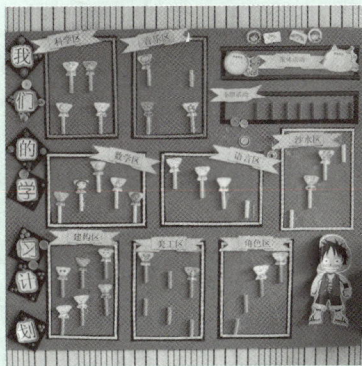

图 2-1-67 大班进区卡——插吸管

图 2-1-68 大班学习区计划册

图 2-1-69　幼儿喝水流程图

案例说明

小班年级将幼儿喝水的正确步骤拍照，并做成标准步骤张贴在饮水机处。

设计目标

幼儿能取放水杯、排队、接水，知道喝多少接多少，要喝完所接的水。整个饮水过程能够自助、有序。

设计建议

可将自助经验迁移到其他活动中。

案例 3

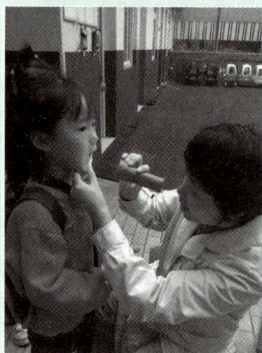

晨检

刷卡

向老师问好

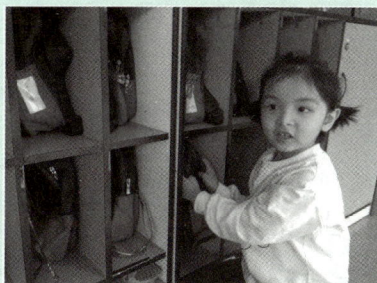

整理书包　　　　　　　　插健康活力卡

图 2-1-70　幼儿来园五件事

案例说明

来园五件事包括接受保健医晨检、来园刷卡、礼貌问候班级老师、在班级书包柜存放书包、进班插晨检卡。

设计目标

实现幼儿自主入园，培养幼儿独立自主意识，提高幼儿自我生活能力。

设计建议

根据园所幼儿入园实况，设计不同的来园步骤，培养幼儿独立自主能力，并可将此能力迁移到其他生活活动中。

案例 4

表 2-5　户外活动场地安排表

深圳市莲花北幼儿园

2015—2016 学年度第二学期户外活动场地安排表（晴天）

执行时间：2016 年 2～7 月

时间　　班级		小一	小二	小三	小四
周一	上午	前花园	生态园	操场西	操场东
	下午	一楼走廊	操场西	操场东	后花园
周二	上午	操场西	操场东	后花园	沙池
	下午	操场东	后花园	沙池	一楼走廊
周三	上午	后花园	沙池	生态园	发现王国
	下午	沙池	一楼走廊	发现王国	二楼走廊

续表

时间	班级	小一	小二	小三	小四
周四	上午	生态园	发现王国	二楼走廊	音乐厅
	下午	发现王国	二楼走廊	音乐厅	前花园
周五	上午	二楼走廊	音乐厅	前花园	生态园
	下午	音乐厅	前花园	一楼走廊	操场西

2015—2016学年度第二学期户外活动场地安排表(雨天)

时间	班级	小一	小二	小三	小四
上午			一楼走廊		二楼走廊
下午					
一周晨练			一楼走廊		音乐厅

案例说明

将全园幼儿户外活动场地进行安排,有晴天和雨天两套方案。

设计目标

(1)班级教师知道每天该到哪里进行体育活动,避免多个班级到同一地点,产生拥挤,造成安全隐患;

(2)幼儿知道自己每天的户外活动场地,做到心中有计划,增加幼儿对在园一日活动环节的认识,形成良好的规则。

设计建议

全园幼儿同时户外体育活动时,对活动场地的分流就显得格外重要,预先分流,可避免拥堵,也可节约教师寻找空余场地的时间,增加幼儿体育活动的时间。

3.5　每日检查清洁和维护，定期审核精粹管理

案例 1

图 2-1-71　幼儿根据标识
整理科学区材料

图 2-1-72　幼儿利用清扫
工具收拾沙水区地面

案例说明

幼儿在学习区活动后，自主整理科学区和沙水区。

设计目标

(1)培养幼儿学习后的自主收纳与整理能力，创设良好的学习环境；

(2)增强幼儿对班级的归属感和责任感。

设计建议

提供工具或做好标识以供幼儿及时检查清洁，培养幼儿自主整理学习区的习惯。

案例 2

图 2-1-73　整理鞋子

图 2-1-74　饭后及时清洁桌面

图 2-1-75   提醒他人轮候

案例说明

午睡时幼儿检查他人鞋袜摆放、餐后及时清洁桌面和检查有序排队喝水。

设计目标

提高幼儿的生活能力，培养幼儿对班级、幼儿园生活环境的责任感和归属感。

设计建议

教师需鼓励幼儿做力所能及的事情，指导幼儿学习和掌握生活自理的基本方法，并提供有利于幼儿生活自理的条件。

3.6   今日事、今日毕

案例 1

图 2-1-76   幼儿活动后收拾玩具

图 2-1-77   幼儿收拾美工区彩笔

案例说明

幼儿根据标识或在物品集中存放点自主收纳。

设计目标

培养幼儿自主收纳玩具、衣服等物品的良好习惯和学习品质，保证材料的持续使用和环境的干净整洁。

设计建议

根据幼儿的年龄特点及身高、承受力等设计适宜的储物柜形状、高度以及材料的大小、重量和标识。

案例 2

整理公物

整理私物

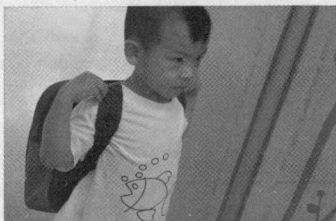

背好书包

礼貌道别

离园刷卡

图 2-1-78　离园五步曲

案例说明

离园步骤为整理公物—整理私物—背好书包—礼貌道别—离园刷卡。

设计目标

培养幼儿今日事、今日毕的整理意识与总结能力。

设计建议

根据本园离园事项，设置不同离园活动。

4. 质量要素标准

4.1 整体环境简约实用、通风明亮、环保安全

案例 1

图 2-1-79 教室整体环境

图 2-1-80 教室整体环境

图 2-1-81 建构区整体环境

图 2-1-82 植物角整体环境

案例说明

园内幼儿不同区域的学习环境。

设计目标

保证幼儿园整体环境简约实用、通风明亮，确保幼儿活动安全。同时，也保障幼儿园的教育教学，提升环境的渗透性和教育价值。

设计建议

根据园所的建筑风格和教室布局等因素设计不同的风格。

案例 2

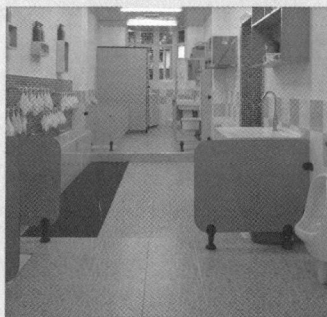

图 2-1-83　被子存放处环境

图 2-1-84　阁楼环境

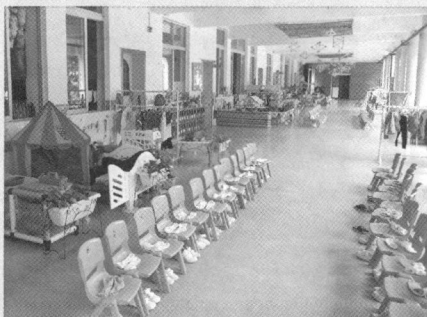

图 2-1-85　一楼走廊环境

图 2-1-86　班级卫生间环境

案例说明

幼儿园不同区域的生活环境。

设计目标

让幼儿在干净、整洁、环保、安全的环境中生活与学习，并保证幼儿安全。

设计建议

幼儿园应保持园所的干净、整洁、安全，塑造良好的园所环境。

案例3

图 2-1-87　大型设备区

图 2-1-88　操场

图 2-1-89　后花园一角

图 2-1-90　平衡木全景

案例说明

简约、透明的户外体育活动场地。

设计目标

(1)简约摆放与设计，避免教师视线盲点；

(2)环境与材料支持幼儿体育活动。

设计建议

园所在摆放大型固定性运动器械时，应避免固定性器械彼此之间的遮挡造成的视觉盲点。

4.2　处处无积水、无异味、无死角、无破损

案例 1

图 2-1-91　角色区

图 2-1-92　绘本馆

图 2-1-93　科学区

图 2-1-94　美工区

案例说明

简约、通畅，无积水、无异味、无死角、无破损的教室一角。

设计目标

保证师幼能迅速运用目视管理或视觉监察看出环境的积水、异味、死角与破损之处，从而设置安全的环境，保证幼儿活动的安全。

设计建议

在保证无积水、无异味、无死角、无破损的基础上，可设计适合园所的独特风格。

图 2-1-95 前花园游戏场地

图 2-1-96 后花园活动场地

案例说明

无死角、无异味、无积水、无破损的塑料滑梯和平衡类塑料器材。

设计目标

塑料滑梯类器材极易积水，从而出现安全隐患，教师需注意及时清除滑梯的积水。

设计建议

注意有些运动器材出现积水，教师需在幼儿使用前检查。

4.3 物品存放于合适的容器或层架，一目了然、清晰透明

案例 1

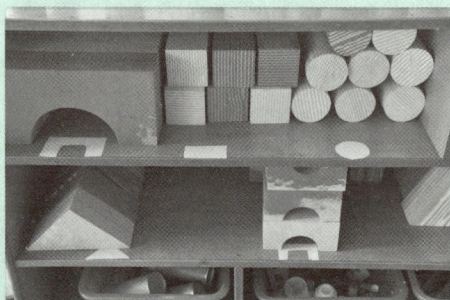

图 2-1-97 建构区积木存放

图 2-1-98 美工区材料存放

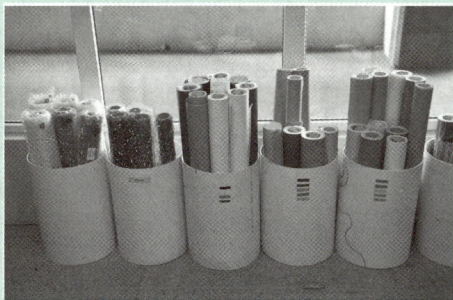

图 2-1-99　美术室备用材料存放　　　　图 2-1-100　幼儿剪刀存放

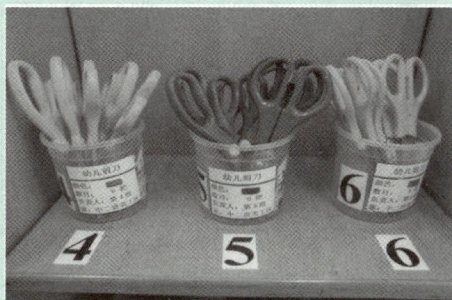

案例说明

各学习区材料存放于合适的容器或层架上，一目了然。

设计目标

(1)方便幼儿在使用操作材料时自主取放；

(2)便于教师在收纳与整理时能快速找到或归位材料。

设计建议

教师需根据所在班级操作材料的数量、重量，幼儿的身高、承受力等选取适宜的容器、层架等。

案例 2

图 2-1-101　小班幼儿拖鞋的摆放

案例说明

幼儿的拖鞋架有 6 排，每排按颜色识别，如第 3 层为黄色排，每排 5 双鞋子，每双鞋子上标有 1～5 的数字。

设计目标

(1)根据摆放架各层颜色、架子与鞋子上的数字，幼儿能快速找到自己的拖鞋；

(2)渗透颜色分类、排序及相互对应关系，并让幼儿体验横轴、纵轴概念，知道自己的鞋子在第几排第几个或者在哪个颜色栏的第几个。

设计建议

幼儿园的拖鞋往往是集中存放，但易造成幼儿找鞋困难，胡乱翻找，既浪费时间，又产生安全隐患和卫生隐患。因此，将鞋子一一标识，使得幼儿能快速识别自己的鞋，并不拿错其他位置存放的鞋，实现干净、卫生、整洁与效率。

案例 3

图 2-1-102　跳圈的放置

图 2-1-103　青蛙跳的放置

图 2-1-104　跳跳球的存放

图 2-1-105　棒球的存放

案例说明

4 张图片均体现器材存放在适宜的容器或层架上。

设计目标

(1)巧用 PVC 管道放置器材，一目了然，方便幼儿取放和整理；

(2)利用器材本身的性质，渗透数量概念、颜色对应概念，促进幼儿精细动作的发展。

设计建议

根据器材的质量、数量、使用频率等，利用或设计适宜的收纳工具。

4.4　运用目视管理，幼儿也能看得懂，做得到

案例 1

图 2-1-106　娃娃家进区规则

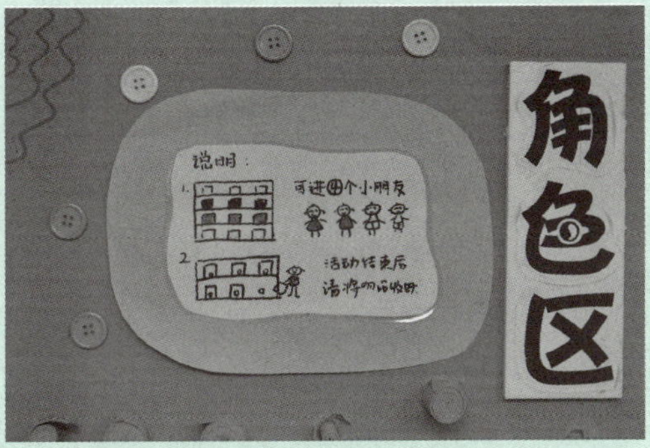

图 2-1-107　角色区进区规则

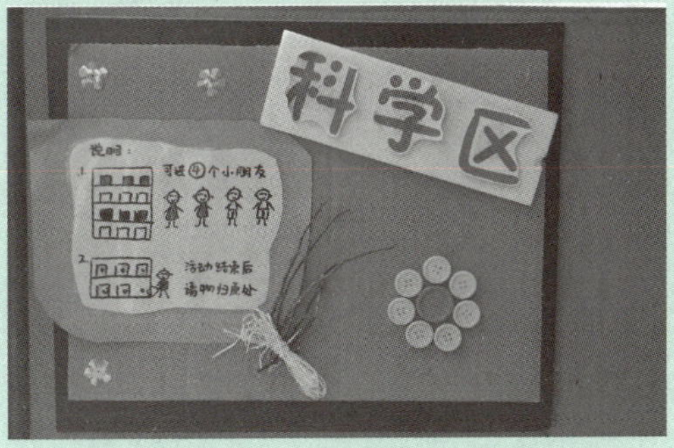

图 2-1-108　科学区进区规则

图 2-1-109　沙水区进区规则

图 2-1-110　科学区种子的放置

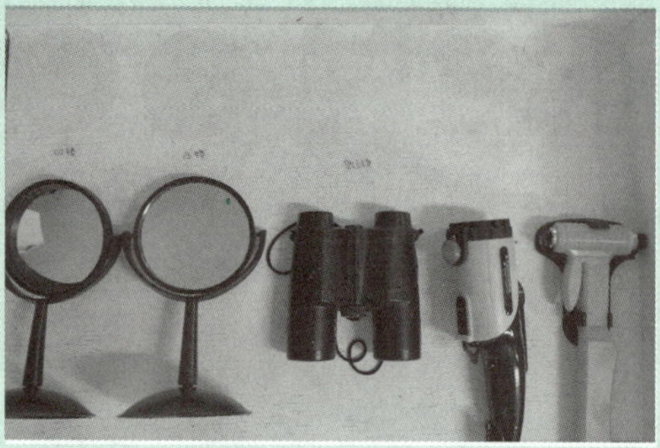

图 2-1-111　科学区材料的放置

案例说明

(1)图 2-1-106 至图 2-1-109 进区规则采取图文并茂的形式,规定进区人数、进区需插进区卡、如何对待材料和学习区活动结束时需整理材料等事项;

(2)图 2-1-110 至图 2-1-111 为各学习区具体学习材料的放置,包括按点摆放、透明存放、按颜色分类,或设置与材料大小一样、颜色不同的阴影来放置。

设计目标

(1)幼儿能通过观察图文,理解进区规则,并自觉遵守区域规则;

(2)运用标识,幼儿自主取放材料;

(3)通过适当存放,如透明存放,方便幼儿观察材料;

(4)整个标识的设计,最终目的是幼儿在活动时实现规则与自主、秩序与自由的和谐平衡。

设计建议

(1)可与本班幼儿共同讨论制定区域规则,让幼儿做规则的主人,以使其更具有责任意识,遵守与维护学习区;

(2)具体材料放置的标识需根据班级材料的数量、玩具柜的形状和整体美观度、和谐度来设计,切莫形式化,一切以方便幼儿区域活动为主。

| 禁止进入 | 禁止触摸 | 当心跌落 | 医务室人员标识 |

图 2-1-112　各类安全标识

案例说明

精粹管理中常用的标识标签。

设计目标

(1)幼儿知道标识的含义,培养幼儿自我保护意识与能力;

(2)幼儿知道基本的职业人物形象,帮助幼儿建构生活经验。

设计建议

可与幼儿共同讨论设置常用的标识标签,包括禁止性标识、警示性标识和提示性标识。

案例 3

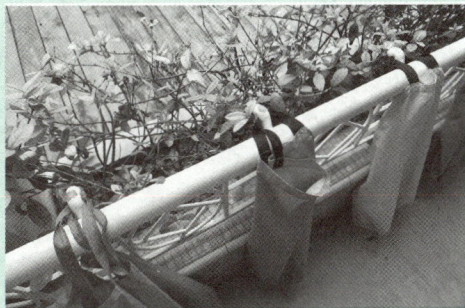

图 2-1-113　用点数标明呼啦圈数量　　图 2-1-114　用颜色标明各色袋鼠袋的放置

案例说明

利用阿拉伯数字、点数和颜色一一对应来放材料。

设计目标

(1)让幼儿看得懂材料的摆放位置及数量；

(2)学会数数(3个)、点数(3个红色点)、数与颜色的对应(3与红点对应)等，体会数字和图形是生活与游戏的工具，感受数的实用性和趣味性。

设计建议

教师可引导幼儿共同制作标识标签，发挥幼儿的创造性。

4.5 操作流程、设备使用、危险预防及危险品警示等指引清晰

案例 1

图 2-1-115 美工区安全使用剪刀的提示

案例说明

班级美工区安全使用剪刀的提示。

设计目标

幼儿在使用剪刀时，能看得懂图示，并注意安全。

设计建议

根据班级幼儿认知特点和知识水平，在有危险的操作材料或危险隐患处，如珠子、插座、锐利物品等地方设计不同的标识，以提醒幼儿安全使用，如图2-1-116 至图 2-1-118。

图 2-1-116　细小材料有禁止放入口耳鼻标识

图 2-1-117　易碎品有易碎标识

图 2-1-118　桌子的锐角处理

案例 2

图 2-1-119　阁楼防跌落警示

案例说明

班级阁楼 1.5 米高处张贴防跌落和禁止攀爬标识。

设计目标

(1)1.5 米为幼儿跌落关键高度,在 1.5 米处提醒幼儿防止跌落,让幼儿学会自我保护;

(2)提醒教师注意阁楼安全隐患,保证幼儿安全。

设计建议

许多幼儿园都有阁楼,且阁楼上方处于教师的视觉盲点,教师应注意跌落、踩踏等安全事故的发生。同时,在户外大型运动器械 1.5 米高处也应贴上此标识。

案例 3

图 2-1-120　户外活动去向牌 1

图 2-1-121　户外活动去向牌 2

案例说明

根据一周户外活动安排表,各班将户外活动场所设置成一套"户外活动去向牌",在班级户外活动时,打开或悬挂该场所照片或表征图,告知他人班级去向。

设计目标

"户外活动去向牌"用以提醒入园较迟或上一环节活动未完成而继续完成该活动的个别幼儿其班级去向,使幼儿通过看"牌"而自主到达班级师生活动的场地,不需要专门的教师在教室等待个别幼儿;同时,如若有家长来园,或其他成人需找此班级幼儿或教师时,也可通过查看去向牌了解班级去向。

设计建议

设计该去向牌前，可与幼儿一同讨论幼儿园户外活动场地有哪些，分别有什么典型特征，用什么方式表示该场地会更容易理解（如实景照片、幼儿表征图等）。设计完成后，可模拟演练，以观察幼儿是否掌握通过去向牌到达正确地点的能力。同时，还需强调其中的安全。

4.6 教职工自律、幼儿习惯好

案例 1

图 2-1-122 幼儿进建构区活动前先脱鞋

图 2-1-123 幼儿自主阅读图书

图 2-1-124 晨谈时幼儿自主摆放鞋子

案例说明

（1）幼儿进入需要脱鞋的区域会自主脱鞋，并鞋尖对外摆放整齐，便于离开时直接穿鞋；

（2）幼儿在语言区活动时，会自主取放书籍，专注认真阅读绘本，并爱惜书籍；

（3）幼儿在集体晨谈时，会自主脱鞋，并沿着榻榻米一致鞋尖对外，摆放整齐。

设计目标

培养幼儿自主取放材料、遵守学习区规则的习惯，并在内化规则基础上自主活动、自由游戏；在集体活动时，也能保证遵守集体规则，为班级和自己创造规则与自由兼备的学习环境。

设计建议

以精粹管理为抓手，培养幼儿良好的学习习惯、行为习惯，实现规则与自由的统一。当然，幼儿的行为习惯不仅体现在静态行为上，更多也体现在一系列流程上，如小中大班的晨间自主点名活动。

案例 2

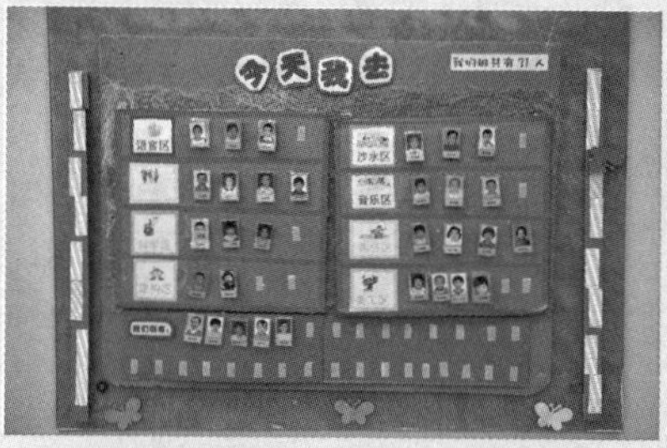

图 2-1-125　小班晨间点名牌

案例说明

小班巧用幼儿进区活动计划表，将点名牌和学习区计划表统整在一张表上。幼儿餐后自主计划当天计划进入的区域，并将自己的照片粘在对应学习区；之后在晨间点名环节，幼儿运用目视即可知道未入园幼儿有哪些(即未做计划者)。

设计目标

(1)发展幼儿 10 以内点数能力。小班幼儿掌握数概念是从接触具体的事物开始，从亲自摆弄、触摸、看具体事物中获得有关物体数量方面的感性经验开始。在尊重小班幼儿数学发展的心理特点和发展目标基础上，巧用幼儿入园人数发展幼儿 10 以内点数能力、幼儿照片与数字——对应的点数能力；

(2)体验数的实际意义。以小班为例，教师与幼儿晨谈时利用幼儿照片渗透 1~7 内点数(益智区、美工区、角色区可容纳 7 名幼儿，即可能出现数字"7"，如果某区只有 1 位幼儿选择，即出现数字"1")；

(3)锻炼幼儿掌握真正抽象意义上数的概念。以 10 为例，最初幼儿点数 10 个物体后说出总数(一共是 10 个小朋友)，标志着最初步的数抽象成分形成。幼儿说出的"10"不是单指最后点的一位幼儿，而是概括了本组其他 9 个幼儿在内，意味着幼儿已经萌发了对 10 这个数字的抽象成分。

设计建议

晨间点名可巧妙渗透数学教育目标，小班可渗透 10 以内点数、数概念、感知集合，中班可渗透 100 以内唱数、凑十法、数的守恒和序数的认识，大班可渗透倒数、接数、按群计数等，如图 2-1-126 至图 2-1-128。

图 2-1-126 小班晨间点名牌

图 2-1-127 中班晨间点名牌

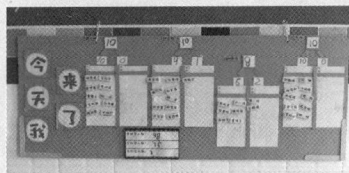

图 2-1-128 大班晨间点名牌

案例 3

图 2-1-129 教师自主取放体育器材

案例说明

日常状态下的体育材料库。

设计目标

教师根据体育材料库的标识说明，自主取放材料。

设计建议

精粹管理后的幼儿园能迅速让教师养成良好的行为习惯。

同时，精粹管理中的幼儿也养成了良好的运动习惯。

在精粹管理的支架下，全园幼儿学习、生活与运动习惯和能力显著增强，同时，也服务了幼儿园三位一体的课程目标：培养身心健康会做事、德行美好会做人、聪敏明理会思考的幼儿。

二、保育保健精粹管理

保育保健包括三个部分，一是保健医生负责的幼儿来园晨间检查、疾病预防、用药卫生，以及保管保健室一切药物和用具，做好卫生知识宣传、环境卫生和饮食卫生等；二是各班保育员负责的包括卫生清洁、保育护理，幼儿大小便、盥洗、饮水、餐食和点心的安排等工作；三是厨房职工承担的膳食卫生工作，保证全体幼儿和教职工饮食的干净、卫生、安全等。

（一）保育保健精粹管理指引表

保育保健按具体实施主体可分为保健医生、保育员和厨房职工。每一部分我们均制定精粹管理指引表，幼儿园可按岗位自查或自审，促进园所检查与落实精粹管理。

表 2-6　保育精粹管理指引表

	内　　容	指向标准
环境	保持教室、洗手间、走廊等无积水、无死角、无异味	4.1/4.2
	一套教室清洁工具，一套卫生间清洁工具，严格分开使用	1.1/1.2/1.3
	一套清洁消毒用品	1.1/1.2
	一套处理幼儿呕吐物的工具	1.1/3.4
	一个幼儿户外活动篮：纸巾、防蚊液等	1.1
	一套工作表格：班级设施设备每日安全检查表、交接工作记录单、幼儿发烧情况记录表、饮用桶装水更换记录单、班级保洁消毒记录表、玩教具消毒记录表；幼儿午睡情况观察表、患病幼儿跟进情况记录表等	1.1/3.4/3.5
	常用物品放在操作区附近，便于取放	1.2/3.2

续表

	内 容	指向标准
标识	清洁消毒等化学品标有最低最高存量；贴有"幼儿禁止触摸"标识；贴有简单明确易操作的浓度配制指引	1.2/1.3/2.2/4.5
	用颜色和文字区分教室清洁工具和洗手间清洁工具	1.2/1.32.2/4.4
	保育工作流程（清洁消毒、幼儿午睡意外应急流程、分餐流程、被褥整理流程等）张贴在操作区	2.2/3.4/4.5
	体力操作指引图	2.2/3.4/4.5
行为	定期清洁消毒幼儿毛巾、口杯、桌椅、柜子、学习区材料、图书和玩具等，有破损及时修补或更换，并做好记录	1.3/3.5/3.6/4.2/4.6
	每天清扫教室、洗手间等处，经常清扫隐蔽的地方	3.5/3.6/4.1/4.24.6
	节约用电，根据需要和规定来开启空调、消毒柜、消毒灯、灭蚊灯等	1.3/2.2/4.5
	及时清理积水，并消除积水原因	3.5/3.6/4.1/4.2
	保育员下班五件事	3.6/4.6

表 2-7 保健精粹管理指引表

	内 容	指向标准
环境	保健室内保持通风、明亮、整洁、卫生	4.1/4.2
	一套晨检工具	1.1
	一套工作表格：如全园幼儿发病情况统计表、食品安全管理档案等	1.1
	保健室各药品按种类、形状、功能等准确分类，集中存放，定点定位，并放在幼儿不能触摸的地方	1.2/2.2/2.3
	按使用存量购买并存放药品，经常使用的摆放在显眼易取放处；较少使用的摆放在不显眼处/里侧	3.2/3.3
标识	各药品标明关键日期，如生产日期、进库日期、启用日期和有效日期等	2.1/2.2/2.3/3.3/4.3
	药品设最低存量与最高存量限制；依存放流线存放，先进先出	1.2/3.1/3.2
	各班级幼儿健康档案集中存放，并做好标识标签	2.2/2.3/4.3
	制定各种流程，如事故处理流程、公共性疾病预防流程	3.4/3.5
	制定各种预案，如紧急情况处理预案、突发意外预案、食物中毒预案、传染病防控预案等	3.4/4.5
行为	医用清洁消毒用品严格根据使用要求使用，并节约使用	1.3
	定期对药品进行检查，确保药品在有效期内	1.3/3.5/3.6/4.6
	定期对幼儿进行健康检查，如视力测查、身高体重测查等	3.4/3.6/4.6
	根据季节制定幼儿带量食谱和教师食谱；每季度一次膳食调查，不断调整；每学期一次膳食会	3.4
	保健医生下班五件事	3.6/4.6

表 2-8　厨房精粹管理指引表

	内　　容	指向标准
环境	厨房整体环境简约实用、通风明亮、环保安全、清洁卫生	4.1/4.2
	一套厨房工具：炒菜工具、水果刀具、面点工具、清洁工具	1.1
	一套工作表格：餐具及专间消毒记录表、食品添加剂记录表、食品试吃及留样记录表、废弃物处理表、水电煤气检查表、菜单、特殊幼儿供餐表、工作人员晨检表等	1.1/3.5
标识	教师与幼儿食材等分开摆放	1.2
	物品准确分类，按标签摆放在合适的容器里或不同货架上，一目了然	1.2/2.3/3.3/4.3/4.4
	各类工具生熟分开，并有专门的放置处	1.2/4.3
	各类食品、调味品等有最低存量与最高存量限制	1.2/3.2
	物品存放时有存放流线，先进先出	3.2
	各食品、调味品等标明关键日期，如生产日期、进库日期、启用日期和有效/保质日期	1.3/2.2/3.1
	按使用存量购买食材，经常使用的摆放在显眼易取放处/最外侧；较少使用的摆放在不显眼处/里侧	3.2
	各容器/柜子/架子尽量离地 15 厘米摆放	2.3
	有洗碗、洗菜、清洁消毒、食品留样等流程	1.3/3.1/3.4/4.5
	体力操作指引图、清洁高处示范图等贴在相应的地方	2.2/3.4/4.5
	各类设备有操作指引，如和面机、发酵箱、压面机、烤箱、搅肉机等	2.2/3.4/4.5
行为	定期对厨房进行检查、清洁、消毒与维修；定期对各食品进行检查	1.3/3.5/3.6/4.1/4.2/4.6
	经常清扫隐蔽地方，定期清洗抽油烟设备和下水道	3.5/3.6/4.1/4.2
	及时清理积水，并消除积水原因	3.5/3.6/4.1/4.2
	经常检查楼顶、地面、墙面、窗户等有无破损，及时上报	3.5/4.1/4.2
	按厨房工作岗位要求着装	1.3/4.6
	完成厨房工作人员下班前五件事	3.6/4.6

（二）保育保健精粹管理 22 点解析

1. 数量要素标准

1.1　尽量减少，够用就好，单一最好

案例 1

图 2-2-1 园医晨检一套工具

案例说明

(1)油性笔、手电筒各一支、检查表一张;

(2)一套晨检卡,包括五色,红色代表幼儿需服药,黄色代表幼儿需修剪指甲,绿色代表幼儿健康,蓝色代表幼儿需多喝水,紫色代表幼儿受伤;

(3)每张健康活力卡正反两面均有表情符号,代表不同的心情。其中,笑脸代表心情愉快,哭脸代表心情欠佳。

设计目标

(1)幼儿晨间入园,保健医生检查幼儿健康状况,并给予相应的活力卡;幼儿根据自己的心情,自主选择将不同表情面向外插放于教室卡片槽里。

(2)幼儿自主选择表情符号,发展幼儿的情绪情感认知;教师根据幼儿的活力卡,了解幼儿当日的健康状况和情绪状况以采取不同的教育教学措施;幼儿通过观察同伴的活力卡来了解同伴的健康状况和情绪状况,以帮助和服务生病或心情不佳的同伴,发展幼儿的社会交往能力。

设计建议

健康活力卡实则是保健医生与班级教师沟通的媒介,同时也是教师与幼儿、幼儿之间沟通的媒介。活力卡主要传达健康状况和情绪状况两层信息,各幼儿园可根据园所想表达的内容设计不同的层次信息,并用不同的表征图表达。

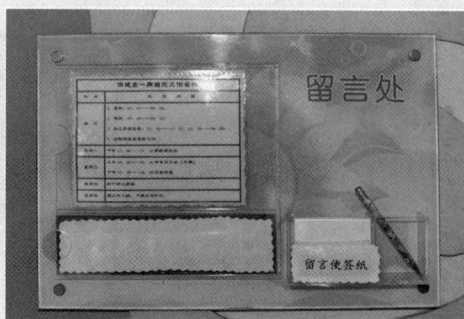

图 2-2-2　保健室留言板

案例说明

保健室门口张贴留言板，并附保健室一周工作安排。家长或其他教师有事可在便签纸上留言。

设计目标

(1)提醒保健医生相关事项，避免遗忘；

(2)避免因保健室无人(如保健医到教室给幼儿喂药等)而产生的消极等待，提高办公效率。

设计建议

可在保健室、办公室、财务室、园长办公室、教室、厨房等门外均设置留言板。

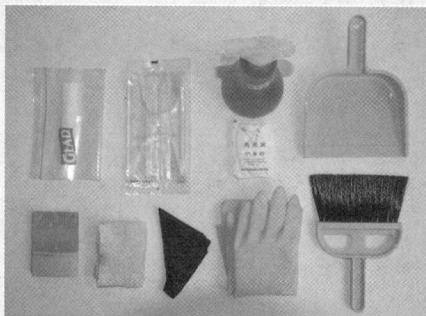

图 2-2-3　呕吐物处理一套工具

案例说明

班级保育员应对幼儿呕吐所准备的一套工具，包括胶质手套1副、清洁组合1套、塑料袋2个、口罩1个、消毒粉2包、消毒喷壶1个、报纸2张、毛巾1条。

设计目标

(1)快速处理幼儿呕吐物；

(2)减少病毒扩散、传播，保证卫生与健康。

设计建议

可借鉴其思路，根据本园实际配套幼儿呕吐物处理工具。

案例 4

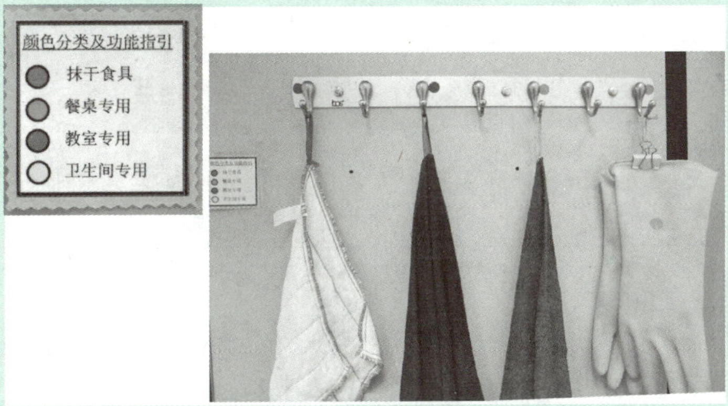

图 2-2-4　清洁一套工具

案例说明

用颜色标识不同的工具和使用场所，包括卫生间专用、教室专用、餐桌专用和抹干食具专用。

设计目标

全班师生及保育员均可以通过颜色分类及标识自主取放工具、自我服务。

设计建议

可根据班级具体情况，运用不同的标识，设计不同的分类及功能指引。

厨具一套				
大锅铲1把	打蛋器1个	小锅铲3把	手抓勺2把	汤勺2把

图 2-2-5 厨房厨具一套

案例说明

厨房厨具一套，并将其分别悬挂起来。

设计目标

(1)即用即取，方便快捷；

(2)采取悬挂方式，避免积水，干净卫生。

设计建议

需配置一套厨房烹饪常用工具，并采取适宜的存放方式。

1.2 设定存量，准确分类

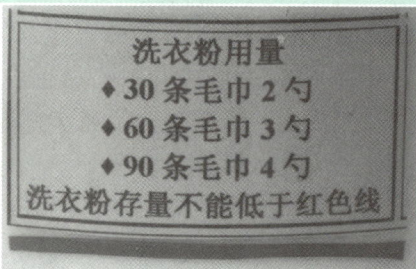

图 2-2-6 洗衣粉浓度配制

案例说明

洗衣粉或消毒粉的存放和使用，存放有最低刻度线，存量到达最低刻度线时需补充；用实例说明洗衣粉用量与毛巾数量间的对应关系，易于保育员理解，更具操作性。

设计目标

(1)节约资源；

(2)保证最佳清洁效果。

设计建议

园所需要根据日常用品洗涤量制定洗衣粉用量标准；根据日常使用量，制定洗衣粉等消耗品的高低存量。如图 2-2-7 为消毒液浓度配置方法。

图 2-2-7 消毒液配制方法

案例 2

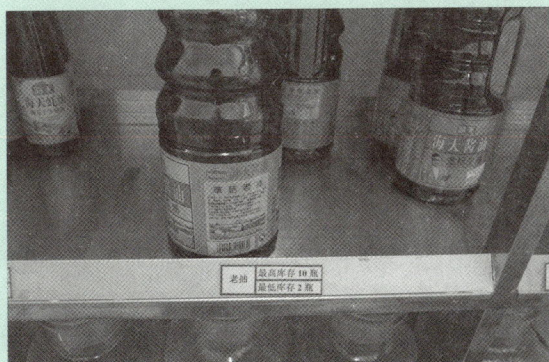

图 2-2-8 调味品等依高低存量存放

案例说明

酱油、醋等调味品存放时依高低存量存放。

设计目标

调味品存量有高低数量限制，既保证数量能满足近期使用，又不因过多存放而占用大量空间。

设计建议

根据日常饮食使用量，科学设置各类食品和调味品的高低存量。

案例 3

图 2-2-9　食品分类存放

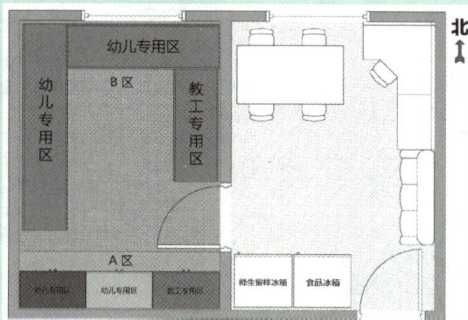

图 2-2-10　食品仓库存放示意图

案例说明

将食品分类存放，首先按幼儿食品和教工食品分为两大类，其次将各类食品分开单独摆放，并附食品存放示意图。

设计目标

(1)分类存放，方便取用；

(2)节约空间，保证环境整洁、卫生。

设计建议

根据物品使用频率、重量、形状、大小等，决定物品存放位置、存放高度。

1.3 节省资源，安全使用

案例 1

图 2-2-11　灯管开关示意图

图 2-2-12　使用温度计，控制室温

图 2-2-13　空调风槽指示开关

图 2-2-14　空调使用指引

图 2-2-15　阀门控制指引图

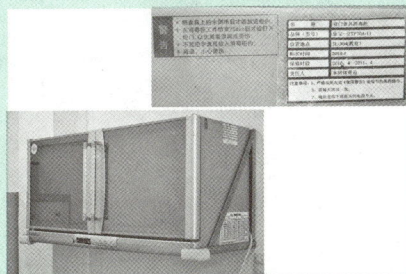

图 2-2-16　消毒柜使用要求

案例说明

图 2-2-11 至图 2-2-16 安全使用标识均为了详细说明如何安全使用设施设备。

设计目标

(1)保证保育员、厨师及其他工作人员，尤其是新进职员有序、安全使用设施设备；

(2)保证在班幼儿生活环境的卫生、空气的清新和活动的安全。

设计建议

根据班级使用的电器设备、消毒设施等设置适宜的标识，方便保育员或工作人员安全操作。

案例 2

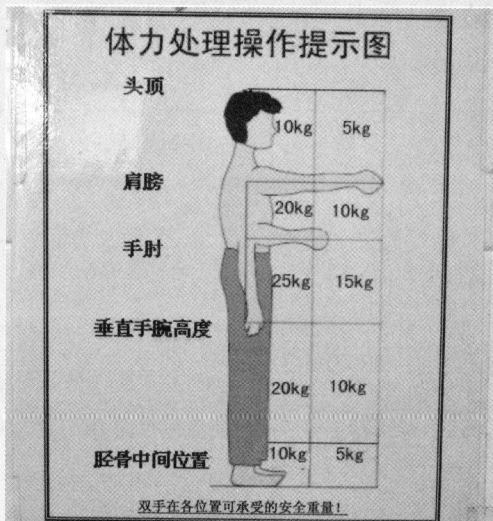

图 2-2-17　体力操作指引　　　图 2-2-18　抬水正确姿势指引图

案例说明

(1)在各个教室、保健室和厨房内张贴体力操作指引图，说明人体双手各位置可承受的重量；

(2)在饮水机处张贴抬水正确姿势指引图，让教职工掌握安全抬水动作。

设计目标

(1)了解人体双手承受重量，根据图示安全用力；

(2)巧用承受力大的位置，节省力气。

设计建议

此经验可迁移到其他需要使用力气的活动中。

2. 空间要素标准

2.1 处处有人管、处处有名称

🖊案例 1

图 2-2-19 保健室办公用品

案例说明

(1)笔筒标明责任人;

(2)标明办公工具的种类及数量。

设计目标

(1)规定责任人,责任人要保证办公用品的正常使用;

(2)将常用的办公用品标识出来,方便使用、领取和检查;

(3)办公用品统一放在一处,便于随时取用。

设计建议

将精粹管理落实到每一个责任人,既能培养其精粹意识,也能保证工作的正常运行。

🖊案例 2

图 2-2-20 保育员清理鞋套放置处

案例说明

保育员清理沙水空间的幼儿鞋套放置处。

设计目标

清除鞋套内沙子等物体，保证鞋套放置处干净、整洁，确保幼儿用鞋安全。

设计建议

幼儿园公共区域均可设置相应责任班级或责任人，以实现全园师生共同管理的良性循环。

案例 3

图 2-2-21　灭蚊灯的管理标牌

案例说明

幼儿园灭蚊灯标明开启和关闭时间、清洁方法和责任人，并用标识警示幼儿不宜接近。

设计目标

(1)说明灭蚊灯的使用时间，保证灭蚊效果；

(2)标明清洁方法和责任人，保证灭蚊灯的使用寿命和使用安全；

(3)标明警示标识，避免幼儿接触灭蚊灯，保证幼儿安全。

设计建议

幼儿园的每处区域都可安排负责人，每套设备也可安排专人管理，保证区域干净整洁，设备正常使用。

案例 4

厨房精粹管理平面图
（精粹责任人、消防疏散图、空间布局）

精粹责任人	图例说明
刘石林	● 所在位置
叶根宾	↗ 逃生路线
肖龙云	🜂 1个灭火器
李桂兰	✿ 天然气灶台
王元来	▯ 烤箱

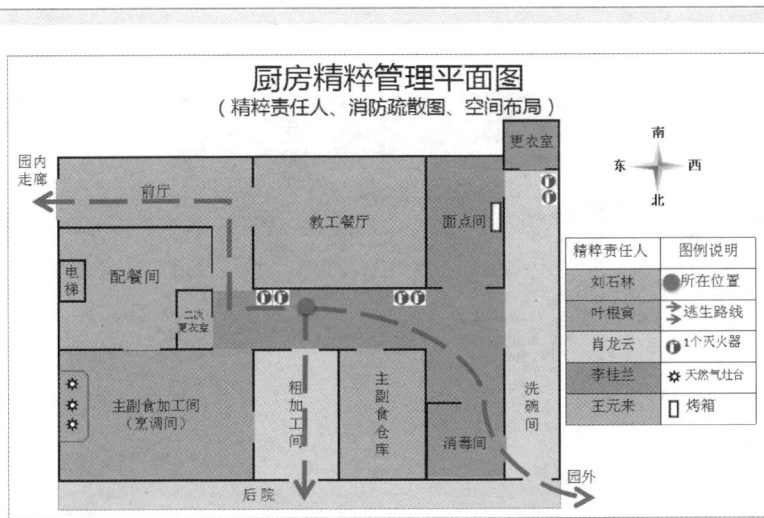

图 2-2-22　厨房精粹管理平面图

案例说明

厨房每个区域均安排有负责人；标明消防逃生路线。

设计目标

(1)负责人负责该区卫生、食品摆放、食品存量控制等，保证区域整洁、卫生和食品的正常使用；

(2)设置消防逃生路线图，包括主路线和次要路线，提高厨房工作人员安全意识。

设计建议

厨房应按区域、物品进行划分，制成精粹管理平面图，责任到具体人，切实落实精粹管理，如图2-2-23中饮水机有专人管理。

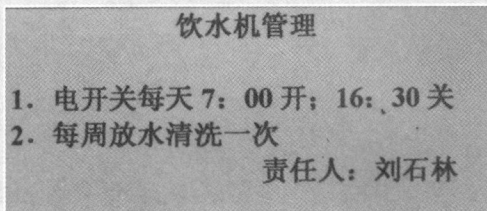

饮水机管理

1. 电开关每天 7：00 开；16：30 关
2. 每周放水清洗一次

责任人：刘石林

图 2-2-23　饮水机的管理

2.2 直线直角布局，标识标签指引

案例 1

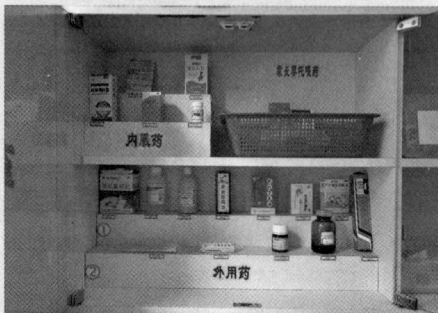

图 2-2-24 药品柜

案例说明

(1)药品摆放呈直线直角；

(2)将药品准确分类，并对每种药做标识标签。

设计目标

(1)方便取放各类药品；

(2)节约资源，保证幼儿用药的充足与安全。

设计建议

药品需及时检查，包括药品的数量和保质期。

案例 2

图 2-2-25 班级卫生间布局

案例说明

教室内卫生间呈直线直角布局。

设计目标

卫生间呈直线直角布局，既能防止幼儿碰撞，又能保证空气流通，环境干净整洁。

设计建议

在设计教室布局或物品布局时，尽量直线直角布局。

案例 3

图 2-2-26　教职工餐厅

图 2-2-27　厨房

案例说明

厨房各区均遵循直线直角布局。

设计目标

(1)直线直角，保证区域通透，美观、大方；

(2)便于打扫，干净整洁。

设计建议

物品摆放可遵循直线直角布局，营造整体通透、大方的环境。

2.3 有名有家，集中存放，离地 15 厘米

案例 1

案例说明　　　　　　图 2-2-28　保健室文件的存放

将各类健康资料按类型划分，统一放到文件栏里。

设计目标

(1)分类放置档案，便于随时查找和使用；

(2)将全园保健类档案集中存放、集中管理。

设计建议

将同质的物品集中存放、精细分类，可大大提高工作效率。

案例 2

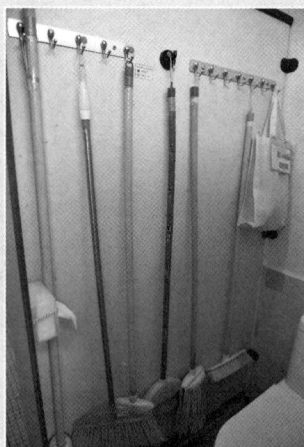

图 2-2-29　卫生间清洗设备

案例说明

(1)卫生间清洗设备均离地15厘米悬挂,有利于沥水,减少细菌滋生;

(2)设置标识牌,全部拖把由专人管理;

(3)利用颜色区别不同功能的拖把和扫帚。

设计目标

(1)延长清洁工具的使用寿命;

(2)方便取放;

(3)专人管理,保证清扫工具洁净、卫生。

设计建议

根据园所或班级实际情况,设置合适的清洁工具放置点;同时各场所清洁工具均分开使用。

案例3

图 2-2-30 砧板存放

案例说明

砧板离地15厘米存放。

设计目标

(1)便于晾干,保证砧板卫生;

(2)易于取放,使用方便;

(3)离地15厘米,方便清洁。

设计建议

厨房不规则工具较多,选择适宜的储放方式尤为重要。根据工具的形状和重量设置适宜的存放方式,不仅便于取放,还利于延长工具的使用寿命。

3. 时间要素标准

3.1 标明关键日期

案例 1

图 2-2-31　每日食品样品架及每日食谱

案例说明

保健医生会将每日食物样品放在幼儿园门口，供家长知晓。

设计目标

标明每日日期和相应的食物，并将早、中餐和午点放在透明盘里，家长送幼儿入园时可及时查看当日食物的营养搭配，促进家园饮食营养协同。

设计建议

有保质期的食品需标明食用日期。

案例 2

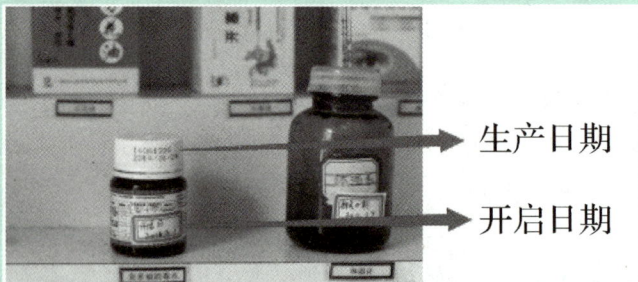

图 2-2-32　药品标明生产、开启日期

案例说明

保健室内药品标明生产日期、开启日期等。

设计目标

保证药品在保质期内，确保幼儿用药卫生。

设计建议

药品均需标明开启日期，根据开启日期判断其适宜使用的时间段。

案例 3

图 2-2-33 各类食品标明关键日期

案例说明

标明关键日期：购买日期、启用日期、保质期或截止使用日期。

设计目标

避免使用过期佐料。

设计建议

对有保质期的食品需标明购买日期、启用日期和保质期；有些食品开启后应尽量快速用完，以免混入空气、杂质等影响食品卫生。

3.2 按使用频率存放，先进先出

应急箱	一层	医用弹性绷带		
		冰　袋	冰　袋	胶　布
	二层	脱脂纱布	创可贴	棉　签
	三层	三角巾、棉垫		
		日常医疗急救手册、安尔碘		
	责任人：保健医生			
	药物补充时间：每月 1 日			

图 2-2-34　应急箱及内置物品存放

案例说明

应急箱分 3 层，每层根据用药的先后顺序、药品的使用频率和药品本身的特性分层摆放。

设计目标

(1)根据用药顺序和使用频率存放药品，便于取放和使用；

(2)对照顺序表及时检查物品数量和放置，以便应急之需。

设计建议

应急药品箱标明明细，便于取放、使用和及时增补。

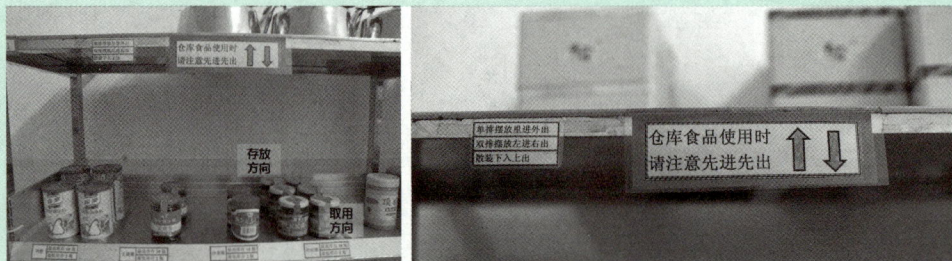

图 2-2-35　食品存取顺序

案例说明

(1)用箭头和文字标明调味品存取顺序;

(2)直线直角布局,方便调味品存放。

设计目标

(1)保证调味品在保质期内使用;

(2)方便厨房统一管理。

设计建议

对消耗性食品均可设计存取流线,先进先出,如桶装水、清洁药品、幼儿户外玩具等。

3.3 在 30 秒内取出或放回物品

案例 1

图 2-2-36 保健室文件柜

案例说明

(1)文件夹分类摆放,不同内容的文件夹分开;

(2)每一个文件夹标明文件内容、文件时间;

(3)在柜子左下角有存档总表。

设计目标

(1)根据文件夹的标签和时间,随时取阅需要的文件夹;

(2)根据文件夹存档总表,正确放回文件夹。

设计建议

幼儿园各部门尤其是保健室涉及文件众多,资料越多,越需要精粹管理,以便及时查找,提高工作效率。

案例 2

图 2-2-37　清洁用品

案例说明

(1)清洁用品统一放到班级储物柜内;

(2)清洁用品均标签化,有专门的存储空间;

(3)标明禁止性标识,提示幼儿不宜触摸。

设计目标

根据标签快速取用,并能快速放回所属位置。经过一段时间的使用,保育员可自动化取放自己所需的清洁用品,改善工作环境,提高工作效率。

设计建议

标识标签化,可很大程度提高工作效率,并保证幼儿安全。

案例 3

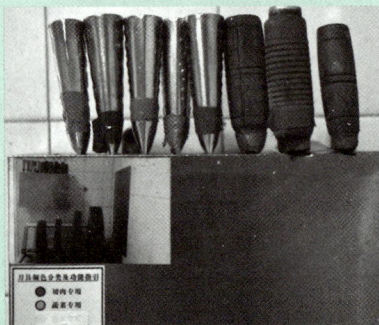

图 2-2-38　刀具存放及功能指引

案例说明

使用颜色管理，将刀具按颜色标识区分切肉与切蔬菜专用刀具。

设计目标

(1)厨师切菜或切肉时能快速取用刀具；

(2)将切菜刀具与切肉刀具分开使用，保证食品卫生。

设计建议

利用标识标签将物品分类，便于快速取放物品，提高工作效率。

3.4　做事有计划、有流程、有预案

案例 1

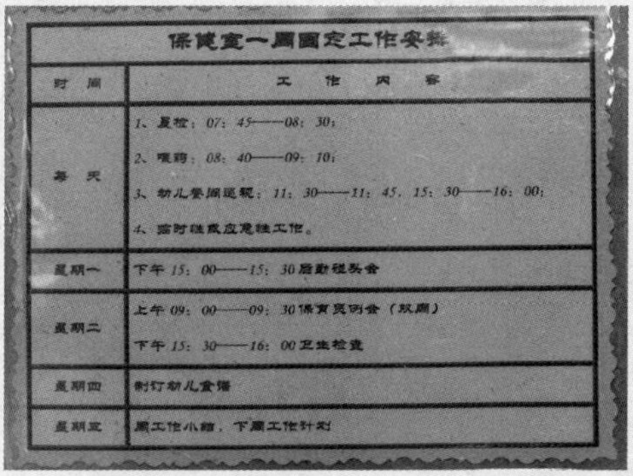

保健室一周固定工作安排

时间	工作内容
每天	1、晨检：07:45——08:30； 2、喂药：08:40——09:10； 3、幼儿餐间巡视：11:30——11:45，15:30——16:00； 4、临时性或应急性工作。
星期一	下午15:00——15:30后勤碰头会
星期二	上午09:00——09:30保育员例会（双周） 下午15:30——16:00卫生检查
星期四	制订幼儿食谱
星期五	周工作小结，下周工作计划

图 2-2-39　保健室一周工作安排表

案例说明

保健室医生的一周工作安排，包括每天的常规工作和其他非常规工作。

设计目标

(1)便于保健室开展工作，保证做事的计划性；

(2)让家长和其他教职工了解保健室一周安排，以配合保健医生工作，尤其是班级教师需紧密配合保健医生。

设计建议

园所除保健医生有一周工作安排，建议园长、教研人员、专科教师等均有一周工作安排，并张贴在所属办公室门外。

案例 2

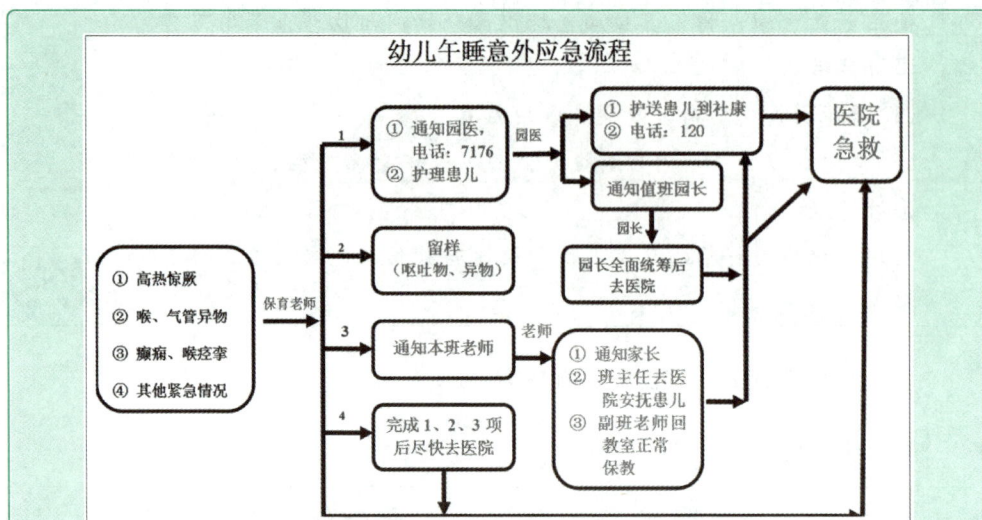

图 2-2-40　幼儿午睡意外应急流程

案例说明

　　将幼儿午睡时发生意外时的应急流程标准化,包括发现紧急情况、通知各负责人直至送医院等步骤。

设计目标

　　有条不紊、临危不乱,妥善处理幼儿午睡意外事故。

设计建议

　　将一些动态、临时却紧急重要的事情流程化、标准化,有利于各方责任主体心中有数,遇事不慌,妥善处理紧急情况。

案例 3

 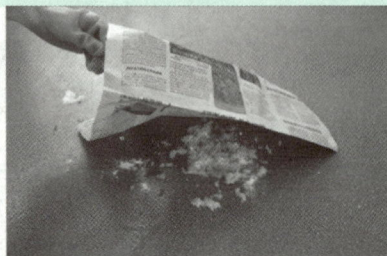

图 2-2-41　呕吐物处理流程

案例说明

处理幼儿呕吐物流程：在呕吐物上喷洒消毒粉/剂—旧报纸掩盖—扫把、小铲清除呕吐物—喷洒消毒液—消毒地面—清洁地面。

设计目标

快速清理，保证环境卫生，控制病毒传播。

设计建议

将紧急性或有传染性的动态事件标准化，保证第一时间妥善处理。

案例 4

图 2-2-42　洗碗流程

案例说明

洗碗流程：倒掉碗里残渣—温水加洗洁精洗去油渍—用流动水冲洗干净—沥干积水—高温消毒—清理洗碗池内残渣。

设计目标

(1)洗碗流程标准化，保证餐具清洁、卫生；

(2)保证新进职员通过观看流程图即可按要求操作，保证工作常态进行。

设计建议

厨房里有许多流程均可标准化，以保证幼儿食品卫生，如图2-2-43为蔬菜清洗流程。

图 2-2-43　蔬菜清洗流程(清洗—沥干—温水过滤—切菜)

3.5　每日检查清洁和维护，定期审核

案例1

图 2-2-44　班级卫生消毒/安全检查表

案例说明

周一至周五的班级卫生消毒/安全检查表，检查内容包括常规卫生消毒、重点卫生消毒、突发事件处理和班级物品检查。

设计目标

落实精粹管理，培养教职工精粹管理意识和能力，消除安全隐患。

设计建议

不同区域设置不同的检视表，以确保各区域卫生、整洁、安全，落实与持续精粹管理。

案例 2

名称	双门食具消毒柜
品牌(型号)	康宝－ZTP70A-11
放置地点	1L-102(教室)
购买时间	2010.4
保修时段	2010.4—2011.4
责任人	本班保育员

注意事项：

1. 严格按照左边《使用警告》说明书的流程操作。

2. 需每天清洁一次。

3. 晚班老师下班前关闭电源开关。

图 2-2-45　消毒柜使用说明

案例说明

消毒柜使用说明。

设计目标

保证班级消毒柜的卫生、效用，延长使用寿命。

设计建议

建议园所设计室内灭蚊灯、幼儿饮水机、厨房烤箱、搅拌机、蒸柜等一系列设施设备的使用注意事项，确保幼儿生活环境的卫生。

3.6　今日事、今日毕

案例 1

图 2-2-46　按时给幼儿服药

案例说明

保健医生根据家长的用药委托单，及时帮助幼儿服用药物。

设计目标

确保幼儿当日按时用药。

设计建议

保健室的工作关系到全园幼儿健康，应及时审核当日应完成的事项，保证幼儿健康。

案例 2

操作人员下班前精粹管理

1. 做好规定的清洁工作内容
2. 检查所有工具是否放回原位
3. 厨房做好第二天的准备工作（材料的预定和工具的准备等）
4. 检查劳保用品和服装是否需要清洗
5. 关掉所有电器及相应设施的开关

图 2-2-47　厨房操作人员下班前工作内容

案例说明

厨房操作人员下班前需做好精粹管理。

设计目标

(1)保证厨房操作人员做事的计划性和总结性，确保第二天工作的正常进行；

(2)创造整洁、卫生、安全的厨房环境。

设计建议

根据园所厨房工作实况，制定本园厨房操作人员下班前应完成的事项。

4. 质量要素标准

4.1 整体环境简约实用、通风明亮、环保安全

案例 1

图 2-2-48 保健室内药品柜

案例说明

保健室药品柜整体图。

设计目标

保证保健室整体环境干净、整洁、大方。

设计建议

根据保健室建筑布局设计物品摆放格局。

案例 2

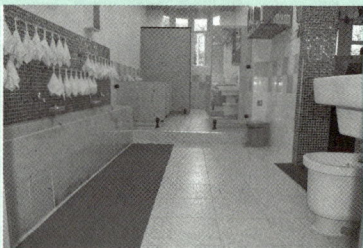

图 2-2-49 幼儿洗手间一角　　　图 2-2-50 幼儿洗手间一角

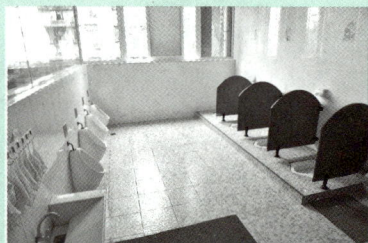

案例说明

幼儿洗手间全景。

设计目标

保证环境简约大方，通风卫生、环保与安全。

设计建议

实施精粹管理的数量、时间、空间与质量要素,即可实现幼儿园整体环境的简约实用、环保安全。

案例 3

图 2-2-51 厨房清洗间

图 2-2-52 厨房食品库

案例说明

厨房环境简约实用、干净卫生。

设计目标

精粹管理后的厨房呈现出干净整洁的效果,不仅有利于教职工、幼儿的身体健康,也能使教职工心情愉快,更加高效工作。

设计建议

有序的环境利于幼儿和教职工饮食健康与高效工作。

4.2 处处无积水、无死角、无破损

案例 1

图 2-2-53 幼儿睡床下

图 2-2-54 饮水机旁

图 2-2-55 水池下

案例说明

一般教室内易出现死角、积水的地方，经过精粹管理后干净卫生。

设计目标

保证教室内隐蔽角落无积水、无死角。

设计建议

将教室的死角处做好标识，提醒相应责任人纳入常规管理；易有积水的地方进行维护；将破损的地方及时进行修理。

案例 2

图 2-2-56 厨房地面干净整洁

图 2-2-57 洗菜池下无积水

案例说明

厨房地面、洗菜池下均保证无积水。

设计目标

(1)保证厨房无积水，防止滑倒，确保工作安全；

(2)创造干净、整洁的厨房环境。

设计建议

可将厨房易积水、易破损或易出现死角的地方标识出来，提醒负责人做好常规检查。

4.3 物品存放于合适的容器或层架，一目了然、清晰透明

案例 1

清洁用品	消毒粉	洗衣粉	肥皂
教师口杯	食用醋	食物渣盘	口罩 手套

图 2-2-58　班级卫生间内储物柜

案例说明

将清洁物品、消毒物品和教师饮水杯均存放在班级储物柜，并分类放置。

设计目标

方便教师取放，清楚物品位置。

设计建议

集中放置班级保育员或教师的常用物品，以便随时取用。

🌸 案例 2

图 2-2-59　面食工具存放箱

图 2-2-60　汤料存放

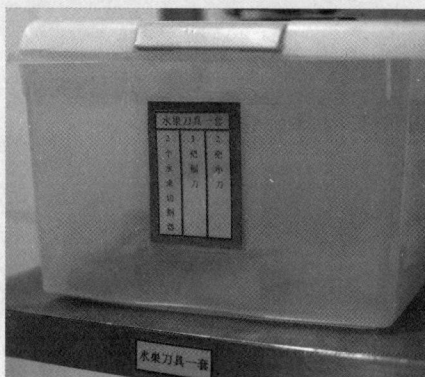

图 2-2-61　厨房工具存放

图 2-2-62　教职工餐厅用具摆放

案例说明

(1)面食工具需将刀锋隐匿,避免取放割伤;

(2)汤料存放在适宜的容器中,并标明高低存量和关键日期;

(3)每个收纳筐或容器均张贴有标签,包括名称和明细;

(4)教师餐桌上配有餐巾纸、牙签等物品,并用长盘放置,一目了然,方便取放。

设计目标

一目了然,方便随时取放和增减材料。

设计建议

根据存放材料的大小、数量、质地等选择适宜的存放容器。

4.4 运用目视管理，幼儿也能看得懂，做得到

案例1

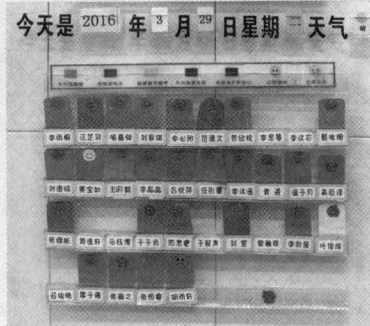

图2-2-63 中大班健康活力卡

图2-2-64 小班健康活力卡

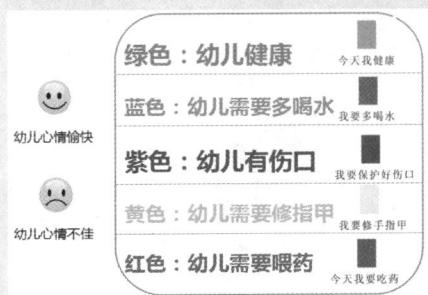

图2-2-65 健康活力卡的种类及对应含义

案例说明

(1)不同的表情符号表示幼儿不同的心情；

(2)不同颜色的健康活力卡表示幼儿不同的身体状态。

设计目标

(1)幼儿晨间入园时，根据医生对身体的检查，领取不同的健康活力卡；

(2)幼儿将健康活力卡插在卡片槽，并依据心情选择不同的表情对外呈现；

(3)教师根据健康活力卡情况采取适宜方法来关注幼儿，如督促幼儿多喝水；

(4)保健医生根据幼儿的红色活力卡，及时给幼儿喂药。

设计建议

鼓励幼儿园自行设计晨检卡，晨检卡为保健医生与班级教师、班级教师与幼儿、幼儿与保健医生之间做了很好的沟通桥梁。保健医生不必向教师说明每

个幼儿的晨检状况，教师可以根据红色晨检卡了解幼儿生病情况和情绪状况，也能避免因教师了解不及时造成的意外后果。

案例2

图 2-2-66　幼儿禁止触摸标识

案例说明

幼儿不能接触的物品均标明禁止性标识。

设计目标

确保幼儿安全。

设计建议

对班级内幼儿不能触碰的物品标明禁用标识，幼儿自我控制不触摸，也提醒教师防止幼儿触摸。

案例3

图 2-2-67　刀具管理

案例说明

(1)刀具摆放时将刀锋隐匿；

(2)用颜色区分刀具类型；

(3)设置区域负责人。

设计目标

渗透颜色管理、标识标签管理，方便教职工取用刀具。

设计建议

将危险刀具标准化管理，以避免安全隐患，也便于日常操作使用。

4.5　操作流程、设备使用、危险预防及危险品警示等指引清晰

案例 1

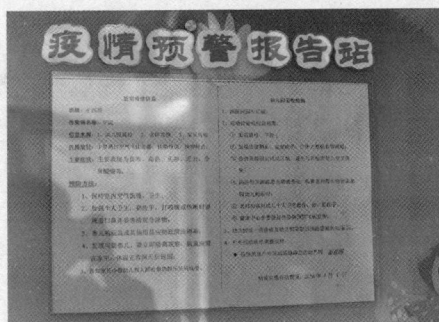

图 2-2-68　疫情预警报告站

案例说明

疫情预警报告站里播报某班疫情，并警示疫情传播，包括疫情特征、发现时间、传播途径、预防方法和幼儿园采取的措施。

设计目标

(1)防止疫情传播；

(2)以此为契机，普及幼儿自我保护的方法，增强幼儿自我保护能力。

设计建议

全园应设立一处疫情预警报告站，班级发现疫情第一时间告诉保健室，保健医生制定科学的预防传播方法，供全园学习。

案例 2

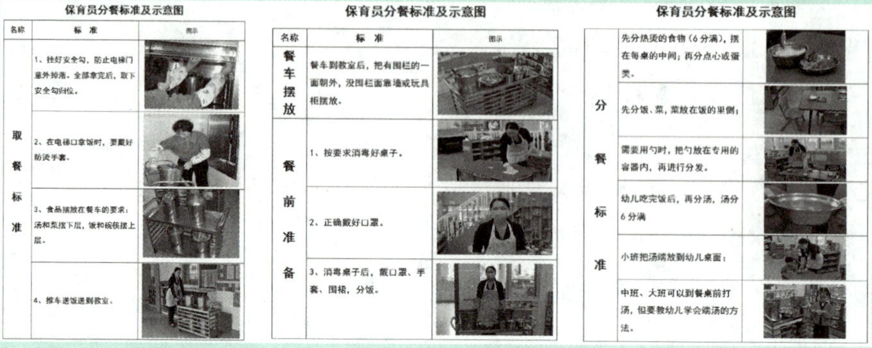

图 2-2-69　分餐标准示意图

案例说明

将分餐流程标准化，如有取餐标准、餐车摆放标准、餐前准备标准、分餐标准。

设计目标

(1)将分餐流程标准化，利于保育员有序、卫生地工作；

(2)流程标准化后利于新进或刚接触此岗位的教师快速上手，保证工作常态化。

设计建议

将常态化的流程标准化，一是提高工作效率，二是可让新进职工立刻上手，保证工作常态进行。

案例 3

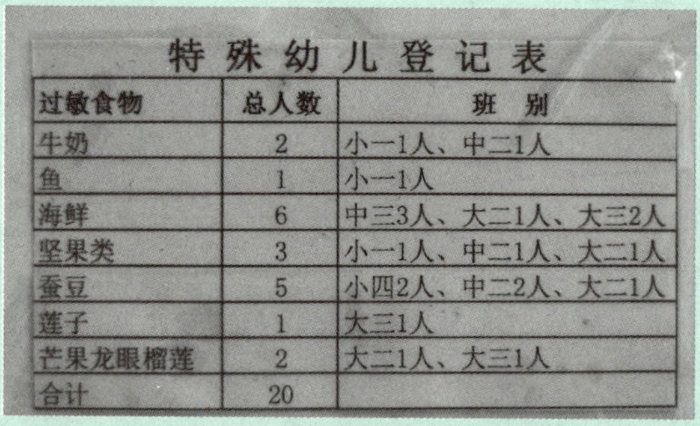

过敏食物	总人数	班　别
牛奶	2	小一1人、中二1人
鱼	1	小一1人
海鲜	6	中三3人、大二1人、大三2人
坚果类	3	小一1人、中二1人、大二1人
蚕豆	5	小四2人、中二2人、大二1人
莲子	1	大三1人
芒果龙眼榴莲	2	大二1人、大三1人
合计	20	

（特殊幼儿登记表）

图 2-2-70　特殊幼儿登记

案例说明

将幼儿特殊情况登记表张贴在厨房分餐口。

设计目标

(1)提醒厨师分餐时注意特殊幼儿;

(2)提醒保育员不要将过敏食物给该班特殊幼儿。

设计建议

幼儿园应调查幼儿对哪些食物过敏,避免幼儿因误食而发生意外。

案例 4

图 2-2-71 厨房门口儿童不宜进入标识

图 2-2-72 厨房门上张贴提示语

案例说明

(1)用黄黑色线提醒幼儿禁止入内;

(2)用标签提醒教职工小心推门。

设计目标

(1)提醒幼儿注意安全,禁止入内;

(2)提醒其他人注意观察幼儿,以防幼儿进入;

(3)提醒教职工小心开门、关门。

设计建议

禁止入内的标识可自行设计。除此之外,厨房也应设计一些基本指引标识,如图 2-2-73。

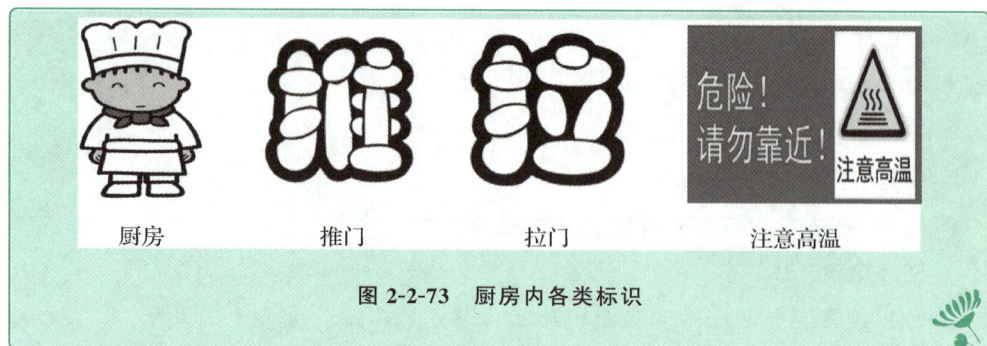

| 厨房 | 推门 | 拉门 | 注意高温 |

图 2-2-73　厨房内各类标识

4.6　教职工自律、幼儿习惯好

案例 1

图 2-2-74　小班幼儿排队饮水

图 2-2-75　中大班幼儿自主添饭

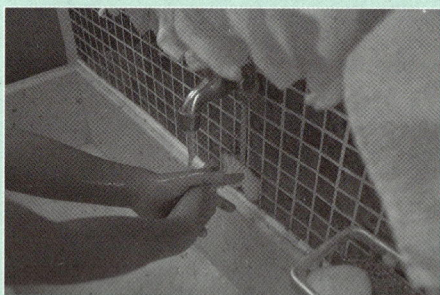

图 2-2-76　幼儿根据水流标识洗手

图 2-2-77　小班幼儿自主穿鞋

案例说明

幼儿知道如何保护自己。

设计目标

(1)幼儿养成良好的卫生习惯,保证身体健康;

（2）幼儿之间学会互相提醒，形成卫生养成共同体。

设计建议

3～6岁幼儿自我保护意识和自我保护能力相对较低，且身体可承受伤害度较小。保健医生和教师在提高幼儿自我保护意识方面发挥着很大的指导作用，需要让幼儿学会基本的保护身体的方法。

案例2

图2-2-78　保育员清洁桌面　　　　图2-2-79　使用隐蔽卡自我提醒

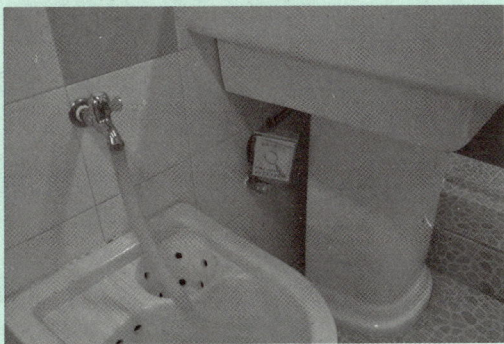

案例说明

（1）保育员在幼儿饭前饭后均会清洁桌面；

（2）保育员使用隐蔽卡提醒自己注意卫生间水槽下的积水等卫生问题。

设计目标

（1）保育员保证班级幼儿用餐卫生；

（2）保育员保证班级无积水、无死角。

设计建议

班级生活环境需教职工和幼儿的集体营造，精粹管理为师生良好行为习惯打下基础，并提供了持续管理的方法。

案例 3

图 2-2-80　教职工餐后自主收拾椅子

案例说明

教职工用完餐后，自主将椅子收拾好，方便下次使用和清洁人员打扫。

设计目标

自主管理，节约人力资源。

设计建议

精粹管理后的效果促使整个幼儿园的教职工行为习惯好，管理良性循环

三、行政总务精粹管理

广义的行政总务包括幼儿园事务的方方面面，为了方便操作精粹管理，我们将行政总务归为行政管理、仓库管理和设备管理三方面，行政管理涉及幼儿园各办公室管理、来访接待等，仓库和设备设施主要是对幼儿园物资的管理和维护等。

（一）行政总务精粹管理指引表

表 2-9　行政总务精粹管理指引表

	内　容	指向标准
环境	各办公室保持通风明亮、整齐、干净、卫生	4.1/4.2
	办公室内外多种植绿色植物	4.1
	一套办公室内共用办公用品	1.1/1.3
	私人物品减至最少	1.1
	一份园内外常用联系电话表	1.1

续表

	内　　容	指向标准
环境	会议室有一套会议用品：托盘、水壶、杯子等；一套音响设备；一套桌椅	1.1
	行政办公室（如园长室、医务室、财务室、总务室等）有一套留言工具，含一周工作安排表、留言本和笔	1.1
	办公系统一站式服务，如复印机、过胶机、打印机集中存放，所需材料集中存放	1.1/2.3
标识	在各楼层张贴楼层平面图	2.2/4.4/4.5
	各处张贴有责任表，包括地点、物品名称、责任人、责任内容等	2.1/2.2
	公示不同年龄班幼儿来园、接园、离园时间，提醒家长按接送时段接送	2.2/3.1
	资料室内资料依标签装进不同的文件夹中，摆放整齐 图书准确分类，并依标签摆放；资料与图书有存档总表	1.2/2.2/2.3/3.3/ 4.3/4.4
	抽屉内物品准确分类、摆放整齐，抽屉外贴物品存档总表	1.2/2.2/3.3
	公告文件标明关键日期，如制表日期、张贴日期、取下日期	3.1
	各类计划表、通告等尽量保持一页内容	1.1/3.4
	定期安排幼儿进行各类演习，并不断完善（如消防逃生演习、防恐演习、防震演习、紧急疏散演习）	3.4
	各类工作流程（如接待来访者流程、书籍借阅流程、索证及票据管理流程等）张贴在工作处	2.2/3.4/4.5
行为	回收利用单面纸，有"单面纸回收处"	1.3
	每日对园内进行安全巡视	3.5/3.6/4.1
	定期组织全园精粹管理检核和审核	3.5/3.6
	会议时间限定在一小时左右	1.1
	完成办公室人员下班五件事	3.5/3.6/4.6

表 2-10　仓管精粹管理指引表

	内　　容	指向标准
环境	仓库内保持通风、明亮、实用、干净、安全	4.1/4.2
标识	各类物品（包括教学用品、生活物品、清洁用品、办公用品等）需按部门、种类、作用、使用频率等，准确分类，有最低最高存量，集中摆放于合适容器或层架上	1.2/2.2/3.3/4.3/4.4
	抽屉柜子尽量透明，或在外面贴有存档总表，增加透明度	1.2/2.2/4.4
	经常取用的物品摆在最显眼易取放处，较少使用的摆放在高处或低处	3.2/3.3
	全园备用钥匙柜有存档总表和借用流程	2.2/2.3/3.3/3.4

续表

	内　　容	指向标准
行 为	各物品根据存量购买，并有存取流程指引	3.2/3.4
	依据物品入库与领用流程，进行物品的购入和取用	3.4
	完成仓管人员下班五件事	3.6/4.6

表 2-11　设备精粹管理指引表

	内　　容	指向标准
环 境	注意电器、电线、电箱周围不放置易燃物	4.1
	工具室有一套维修工具	1.1
标 识	各类工具依种类、作用、大小等准确分类，用合适的容器存放，并有存档总表	1.2/2.2/2.3/4.3
	电源插头有标签，方便拔插；插座做好安全保护；电线归放整齐、直线直角固定，排除安全隐患，离地 15 厘米以上	1.3/2.2/2.3/4.1/4.5
	园内绿化植物有名牌，标明植物名称、生长习性等，并有专业人士护理；花盆尽量离地 15 厘米摆放	2.1/2.2/2.3/4.2
	各类器材、设备等都贴有标签，写明生产厂家、维修电话、使用期限、责任人和职责，并附有定期检查与维修记录单	2.1/2.2/3.5/3.6
	每楼层按消防要求设置消防栓和灭火器，能满足使用需要；消防栓和灭火器放在不被遮挡处	1.3
	教室、办公室内都张贴有消防逃生图，指引清晰、实用	2.2/4.4/4.5
	公共区域桌椅有摆放指引	2.2/4.5
	各类开关处贴有对应设备标签	1.3/2.2/4.5
	打印机、复印机、过塑机、投影仪、音响设备等有简单清晰的使用步骤；消防设施、报警器等有清晰的操作、使用说明	3.4/4.5
	危险物品或空间，做好保护措施和警示标识	2.2/4.4/4.5
	时钟标有本次更换电池时间及下次电池更换时间，寒暑假前取出电池	3.1
	空调、风扇上系丝带，方便观察	1.3
	各楼梯梯阶有明显标识，防止踏空	2.2/4.1
	在门后设置门吸及儿童防夹手装置	4.1
	水龙头及水管无泄露，马桶冲水量合理	1.3
	消毒灯、灭蚊灯放置在无障碍处，并做好防护措施	1.3/4.1/4.5
行 为	及时修理全园各破损处，消除安全隐患	3.5/4.1/4.2
	定期检查与维修各运动器械、电器等设施设备	3.5/3.6/4.6

（二）行政总务精粹管理 22 点解析

1. 数量要素标准

1.1　尽量减少，够用就好，单一最好

案例 1

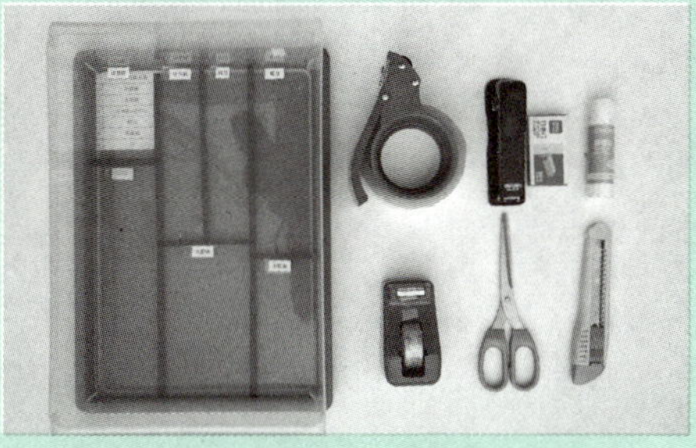

图 2-3-1　办公室一套办公工具

案例说明

办公室共用一套办公工具，包括小胶座、大胶座、订书机、订书钉、固体胶、剪刀、刻刀。根据工具大小，标明工具适宜的存放范围，将工具集中存放在收纳盒中。

设计目标

配备办公常用的基本工具，以便快速寻找、收纳，提高办公效率，同时维持办公室的整洁与秩序。

设计建议

可借鉴此思路，具体的配备工具需根据园所日常办公所涉及的用品来确定。同样的原理如图 2-3-2 至图 2-3-4。

一小时会议制：

☑充足准备

☑准时出席

☑关掉电话

☑精简发言

☑准时散会

图 2-3-2　礼宾处登记　　图 2-3-3　班级家长留言　　图 2-3-4　一小时会议
一套工具　　　　　　　一套工具　　　　　　　　制度图

案例 2

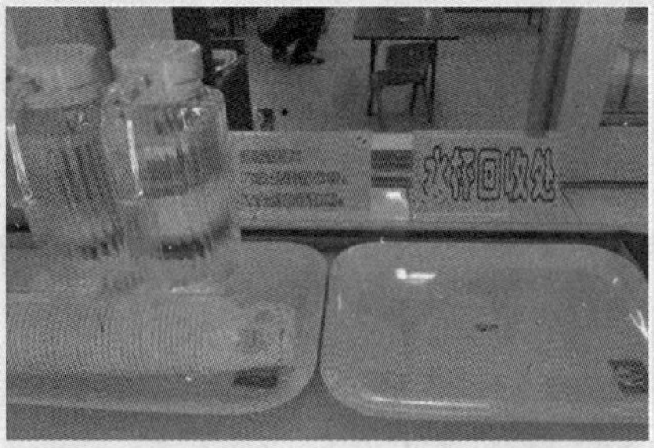

图 2-3-5　自助饮水 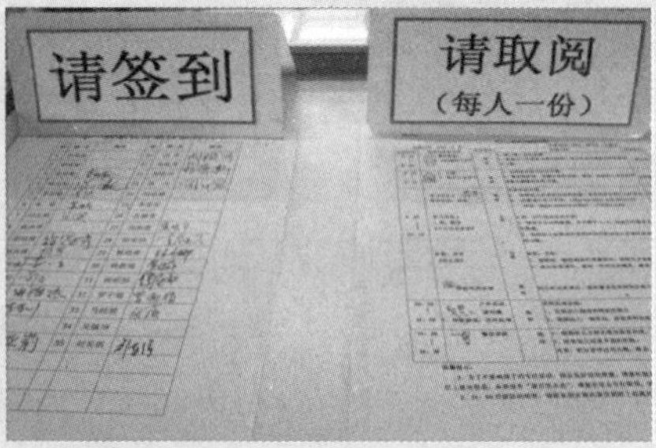　　　　　　　图 2-3-6　自助签到和取阅资料

案例说明

家长会一站式服务包括自助签到、自助取阅资料、自助饮水等。

设计目标

(1)方便家长自我服务，减轻教师工作负担；

(2)保证活动有序化，提高活动效率。

设计建议

根据家长会召开的目的，设置不同的贴心服务。

案例 3

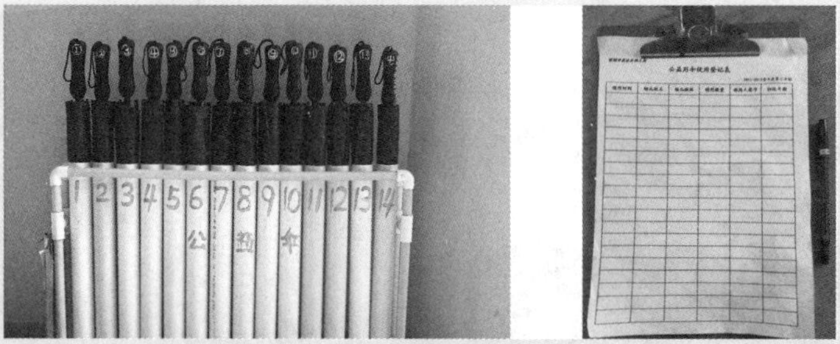

图 2-3-7　一套公益伞及使用登记表

案例说明

在门厅处设置公益伞服务，配置 14 把雨伞，并附《公益伞借还登记表》。

设计目标

(1)突然下雨时，方便师生、家长自主取用；

(2)用数字一一对应，方便借还；

(3)自主在登记表上登记借还情况，免去专人整理，提高效率。

设计建议

园所可提供其他方便教师、幼儿、家长的服务，如公益纸巾、公益育儿书籍等。

案例 4

图 2-3-8　仓库管理处表格存放袋

案例说明

仓库管理处存放的一套表格，包括图书申购单、出车申请单、卫生用品领取单、园内物品申购单、请假申请单、服装领用申请单。

设计目标

统一一套表格，集中存放于仓库管理处，方便教师自主领取填写，提高工作效率。

设计建议

园所可丰富表格种类，如外出记录单、培训申请单等。

案例 5

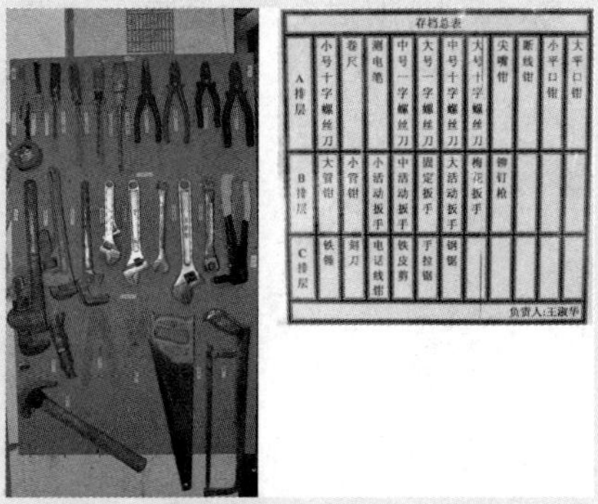

图 2-3-9　电工房维修一套工具

案例说明

电工房里悬挂的一套维修工具，包括 A、B、C 三层，每层均用标签和阴影图案标明此处存放的工具。

设计目标

(1)方便维修师傅存取，提高工作效率；

(2)方便其他非维修人员借用、取放，避免专人管理，提高人力资源效用。

设计建议

可借鉴此思路，仓库或其他存在借阅、借用的工具均可采取此种管理方式，保证即使该负责人不在的情况下，仍能正常借阅或借用，从而不耽误正常工作或浪费时间。

1.2 设定存量，准确分类

案例 1

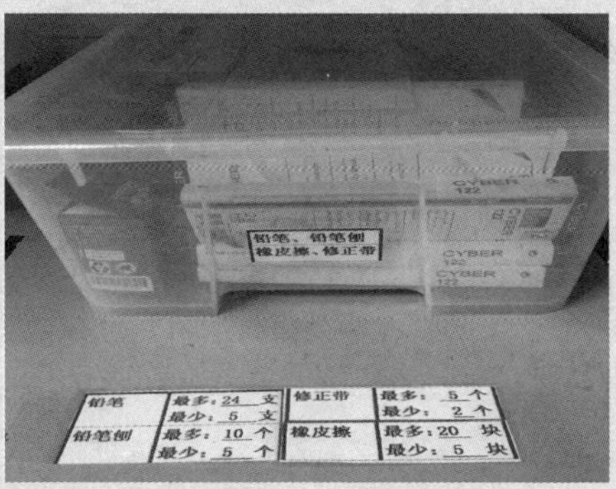

图 2-3-10 办公用品存放

案例说明

办公用品如铅笔、铅笔刨、修正带、橡皮擦等的高低存量说明。

设计目标

(1)节约资源；

(2)保证日常工作的使用量。

设计建议

将办公用品注明高低存量，以提醒责任人及时购买。

案例 2

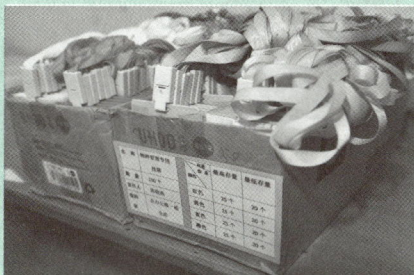

图 2-3-11　仓库清洁用品有存量说明　　　　图 2-3-12　挂牌存量说明

案例说明

仓库清洁用品和来访或参观人员挂牌高低存量说明。

设计目标

(1)根据全园不同物品的使用率和物品保质期，设计高低存量，既保证该物品正常使用，又保证其质量；

(2)便于检查，通过查阅存量表，即可知道是否需补充该物品。

设计建议

高低存量的设计需根据幼儿园使用频率和产品保质期决定。

案例 3

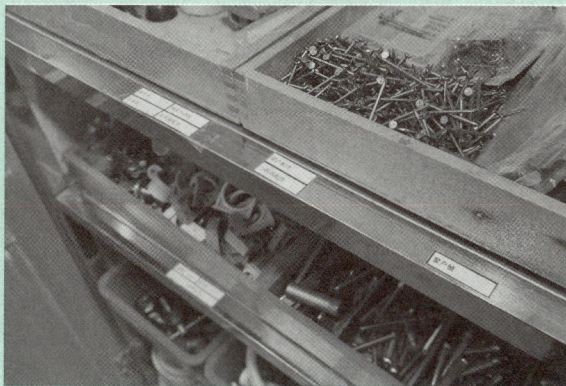

图 2-3-13　零件存放图

案例说明

将细小零件分类存放。

设计目标

方便取放。

设计建议

设备维修类零件多且小，分类存放，方便取用。

1.3 节省资源，安全使用

案例1

图 2-3-14 单面用纸

图 2-3-15 打印室纸张说明

案例说明

将打印纸分格存放，并标明单面用纸、双面用纸、各色用纸、过胶纸和相机纸。

设计目标

(1)方便教职工取放及使用；

(2)节约纸张资源，如果单页打印错误，该纸可投放至单面用纸栏中，循环使用。

设计建议

幼儿园教师经常会打印，且打印班级多、数量多，统一标明纸张取放说明和使用说明，可极大提高打印效率，并且节约资源。

图 2-3-16　安全用电

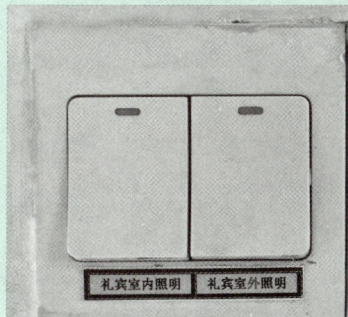

图 2-3-17　照明灯标识 1　　　　　图 2-3-18　照明灯标识 2

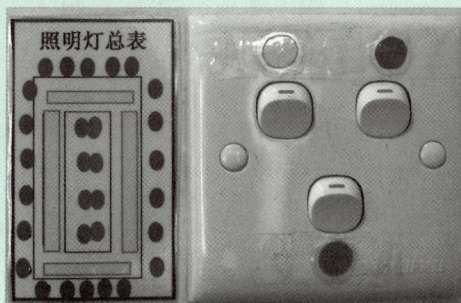

案例说明

(1)将插座固定起来;

(2)将电线集中整理;

(3)标明插头或开关对应的设备。

设计目标

(1)说明插头指向的设施设备,保证有效、快速开关正确的设备;

(2)将插线集中,插座悬挂于墙体,保证用电安全。

设计建议

插座问题隐藏着安全隐患,且幼儿园插座复杂、多样,因此需要就插头标明其所属电器设备,并将插座固定,插线集中处理,以保证用电安全。

案例 3

图 2-3-19　公益伞存放　　　　图 2-3-20　清洁用具备用杆存放

案例说明

利用废旧的 PVC 管，将杆状物存放在 PVC 盒里。

设计目标

(1)节约资源，节约空间；

(2)存放于适宜容器内，防止杆状物挫伤幼儿或教职工。

设计建议

幼儿园有些废旧物巧用后可变成适宜的工具。

案例 4

图 2-3-21　紧急按钮使用标识　　　　图 2-3-22　报警器使用标识

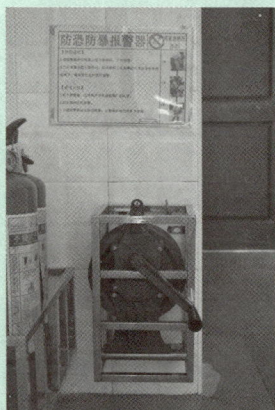

案例说明

紧急按钮上有使用标识；报警器上安装有护栏，防止随意触碰，并配有使用说明。

设计目标

出现紧急情况，全园教职工可自主使用紧急按钮或报警器。

设计建议

幼儿园应在报警设备、消防设备等关系到安全的设备上标明使用方法，若出现意外事故，全园教职工都能正确使用设备。

2. 空间要素标准

2.1 处处有人管、处处有名称

案例 1

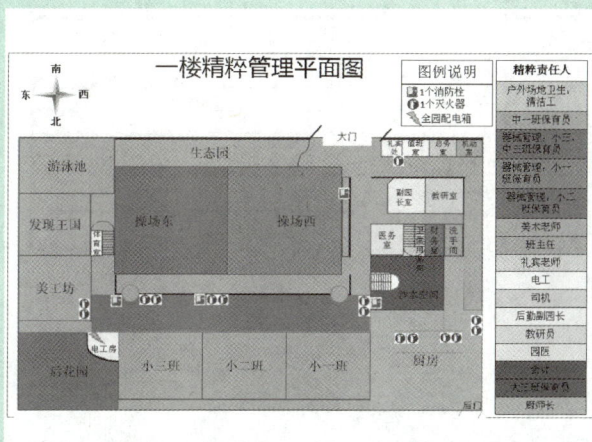

图 2-3-23 幼儿园一楼责任区示意图

案例说明

（1）将该楼层的空间布局、消防设施设备等一一标明；

（2）用颜色将责任人与具体区域一一对应，明确一楼各区域负责人和责任班级。

设计目标

通过平面图，明确全园教师的责任区域，保证精粹管理的落实与持续。

设计建议

每层楼、每个教室均可以利用平面图形式，运用数字、颜色色块（色彩管理不仅仅是创造出一些颜色代号，而且是为了创造出一种轻松愉快的工作环境）、文字、图形等表示。

案例 2

卫生用品仓库总表			
A柜	左侧柜：1、入园证配备卡带	2、会议佩戴卡	3、备用纸巾盒
	一层：成人擦手纸		
	二层：成人用纸巾		
	三层：幼儿用纸巾		
B柜	一层左侧：1、垃圾袋 2、钢丝球	一层右侧：1、塑胶、布手套	2、一次性手套
	二层左侧：1、幼儿备用茶杯 2、消毒柜层架	二层右侧：1、围裙	2、袖套
	三层左侧：清洁小把刷	三层右侧：1、胶棉拖把头	2、棉布拖把头
C柜	一层左侧：1、一次性小碗 2、一次性水杯	一层右侧：1、小方巾	2、小衣架
	二层左侧：1、棉质大拖布 2、扫把头	二层右侧：1、铁质垃圾铲	2、塑料小垃圾铲
	三层左侧：1、待处理物品	三层右侧：1、地刷头	2、塑料大垃圾铲
D柜	一层左侧：洗衣皂	一层中部：消毒粉	一层右侧：消毒片
	二层左侧：去污粉	二层中部：洁厕灵	二层右侧：洗衣粉
	三层左侧：1、花露水 2、洗洁精 3、洁厕亮		三层右侧：杀虫剂
E柜	左侧柜：防滑地垫、安全条幅		台面：背景幕布
	1-3层：各类塑胶地垫		
可利用空间A区	1、扫帚配杆　2、棉质大拖把　3、备用雨伞　4、吸水拖把　5、备用垃圾桶　6、垃圾铲　7、棉质大拖把铁质支架		
可利用空间B区	1、包装洗衣粉	1、备用消毒片、消毒粉　2、备用幼儿塑胶碗	
可利用空间C区	1、班级清洁工具-吸尘器	2、领用物品备用袋	

图 2-3-24　卫生用品仓库总表

案例说明

(1)说明仓库责任人；

(2)将仓库每个储物柜、每层、每件物品编码或说明。

设计目标

(1)责任人保证此区域干净、整洁；

(2)责任人保证仓库精粹管理化，实现智能管理，即教职工查阅仓库总表后可自主登记、领取物品。

设计建议

幼儿园可试着先就大型物品或储物柜编码，再细化到每件物品。整个幼儿园需对方位或物品有统一的认识或规定。

案例 3

图 2-3-25 电工房责任人

图 2-3-26 按钮标明名称

案例说明

设备类标明责任人；具体按钮标明名称。

设计目标

全园教职工可自主使用各类设备；各类设备设有责任人。

设计建议

幼儿园每处都应说明具体责任人，每个开关均标明对应设备。

2.2 直线直角布局，标识标签指引

案例 1

图 2-3-27 办公室布局

图 2-3-28 入口处分流设施布局

案例说明

行政办公室内呈直线直角布局；晨间入园时幼儿园入口处分流设施呈直线直角布局。

设计目标

通透、简约、大方的环境利于教师工作；有效保障入园通道畅通有序。

设计建议

有些幼儿园的房间结构已经定型，无法改变，但房间设施摆放、桌椅布局可考虑直线直角布局。

案例 2

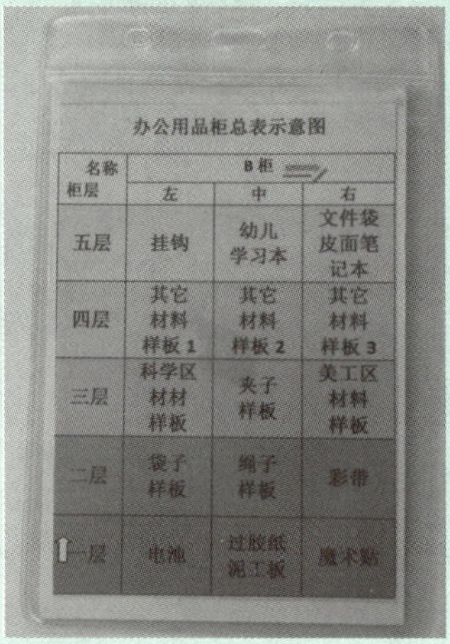

办公用品柜总表示意图

名称/柜层	B柜		
	左	中	右
五层	挂钩	幼儿学习本	文件袋 皮面笔记本
四层	其它材料样板 1	其它材料样板 2	其它材料样板 3
三层	科学区材材样板	夹子样板	美工区材料样板
二层	袋子样板	绳子样板	彩带
一层	电池	过胶纸 泥工板	魔术贴

图 2-3-29　办公用品柜总表示意图

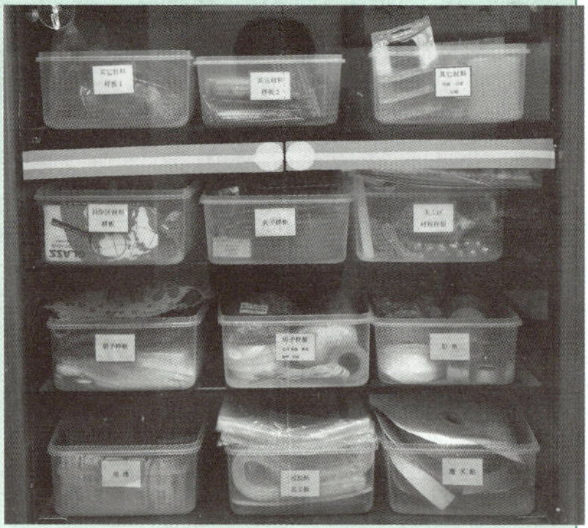

图 2-3-30　办公用品实景图

案例说明

办公用品总表示意图与办公用品实景图一一对应，如层级对应、标签颜色对应、标签汉字说明对应。

设计目标

教师可自主查阅总表示意图，找到自己需要物品的位置，拿取对应物品。

设计建议

办公用品添加标识标签后更加智能化，教职工可根据说明自主登记、取放物品，节约人力，提高工作效率。

案例 3

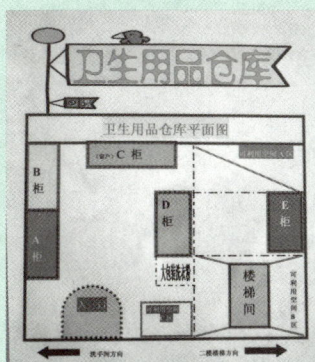

图 2-3-31 卫生用品仓库平面图　　图 2-3-32 服装道具仓库平面图

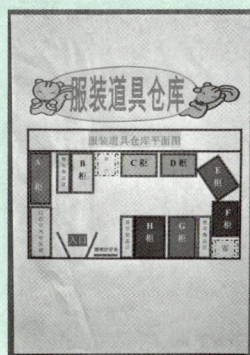

案例说明

(1)仓库储物柜摆放成直线直角;

(2)每个储物柜均标签化管理。

设计目标

(1)保证仓库通透,便于物品保管;

(2)节约空间,便于存储更多物品;

(3)根据标签,快速定位储物柜中的物品。

设计建议

本着方便取放和节约空间的原则,园所需根据仓库形状,设置不同布局形式。

2.3　有名有家,集中存放,离地 15 厘米

案例 1

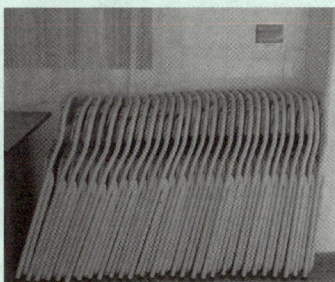

图 2-3-33 音乐厅折叠椅存放　　图 2-3-34 会议室椅子存放

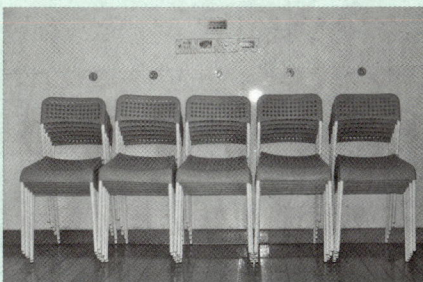

案例说明

(1)椅子集中存放，并用图示标明存放方向；

(2)当有多排椅子时，标明放置点和每个点的放置数量，如每个点放置5把椅子，一共有10个点。

设计目标

(1)节省空间、整齐摆放；

(2)用图示说明摆放规则，方便个体自主取放，节约人力。

设计建议

幼儿园公共物品建议集中存放，以方便幼儿园教职工取用，并节省空间

案例 2

图 2-3-35　材料存放

图 2-3-36　材料存放

案例说明

集中存放手工材料，并离地15厘米，每个篮筐均注明具体材料。

设计目标

(1)方便自主取放；

(2)便于集中管理，确保环境整洁；

(3)离地15厘米，防止材料受潮、损坏等。

设计建议

幼儿园的材料可设置专门备用材料柜，并向全园开放，教师可以根据材料名字和材料总表示意图自主取放和自主管理。

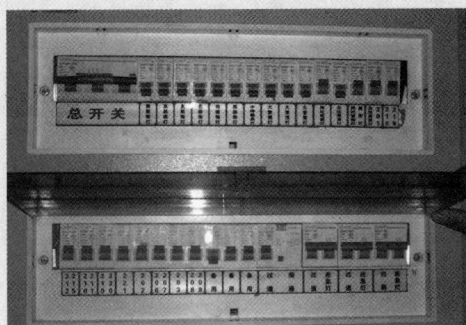

图 2-3-37 每一个开关都有名称

案例说明

幼儿园电源总开关实物图,每一个开关均标有对应的位置。

设计目标

(1)能从众多开关中识别自己所需的具体开关;

(2)避免错开开关。

设计建议

同样的经验可用于幼儿园整体教室或办公室总钥匙的放置,标明每把钥匙对应的具体教室或办公室,方便自主取放。

3. 时间要素标准

3.1 标明关键日期

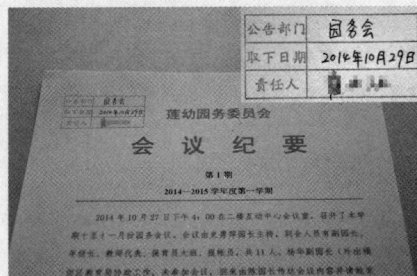

图 2-3-38 文件上张贴管理表

案例说明

幼儿园一切会议纪要或通知公告等均标有张贴日期、执行日期和取下日期。

设计目标

(1)确定使用日期范围或取下日期，方便教师迅速了解通告的有效时间以及此段时间的工作；

(2)及时张贴、及时取下，有利于节约空间，方便其他通知、公告及时张贴，教师及时查看。

设计建议

通告、标识是常用来沟通的方法，这些物品能塑造幼儿园秩序化的形象，所以需特别重视。幼儿园公告类需指定特定的张贴场所，不要随便到处乱贴。需要注意的是每个公告板都要有清楚的标签，大的公告板还要划分区域并标明紧急、对外、职工通信等字样，公告板亦需说明负责人姓名及更换日期，标明这些标识多久需更新，标识若不标明什么时间应取下来的话，人们就不会注意它。

案例 2

图 2-3-39　时钟电池的更换

图 2-3-40　饮水机的定期更换

案例说明

(1)标明时钟的责任人和所属地；

(2)标明电池的更换时间。

设计目标

(1)确定时钟放置地，方便管理；

(2)记录电池更换时间，包括最近更换电池时间和下次更换时间，保证时钟正常工作，并节约电池资源。

设计建议

园所对有使用寿命的物品可标明启用时期和更换日期，一则保持物品正常使用，二则发挥其最大使用价值，同样原理可如图 2-3-40，饮水机上标明了桶装水的适用时间，通过日期来确保桶装水的饮用干净、卫生。

案例 3

图 2-3-41　洗洁精保质日期说明　　　图 2-3-42　消毒片保质日期说明

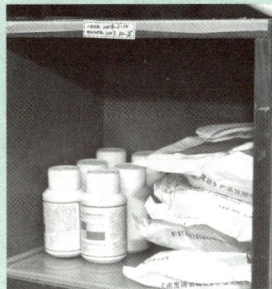

案例说明

标明洗洁精、消毒片的入库时间和物品保质期。

设计目标

保证在保质期内使用洗洁精、消毒片。

设计建议

卫生用品仓库的清洁消毒类物品尤其要关注日期，包括入库时间、保质期，这是保障幼儿园物品安全卫生的前提。

案例 4

图 2-3-43　生态园树木护理标识

案例说明

根据不同的植物习性，制定植物护理要求卡，包括护理时间、护理步骤、植物习性等。

设计目标

(1)方便管理人员针对众多植物实施个性化护理；

(2)促进植物生长，使其成为园所教育教学或绿化资源。

设计建议

标明植物的护理时间，即看即懂，有利于植物的护理和生长。

3.2 按使用频率存放，先进先出

案例 1

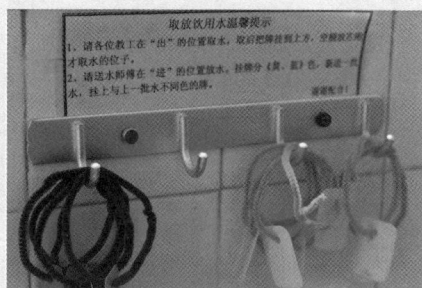

图 2-3-44 饮用桶装水放置处   图 2-3-45 两种颜色的圆环

案例说明

(1)饮用桶装水的放置遵循先进先出原则，箭头用来表示存放和取用桶装水的顺序，向下箭头代表"出"，指使用桶装水时从此处取用，左箭头代表"进"，指最新一批桶装水放置在此处；

(2)为满足日常饮用需水量，送水员会定期送水，两批次的桶装水分别套上不同颜色圆环。

设计目标

(1)箭头及手环的使用使得桶装水的存放和取用流程化，保证先进先出，持续喝到新鲜水；

(2)集中存放可节约空间，方便送水员送水及教师自主取水。同时，离地15厘米方便清洁。

设计建议

园所对有保质期且需要保证干净、卫生的物品可遵循先进先出的策略，确保物品的保质期和相对新鲜度。

案例 2

图 2-3-46　肥皂存放及肥皂取放标识

案例说明

将有保质日期的物品按左进右出的原则设计，从左边放入新进肥皂，教师从右边领取已有肥皂。

设计目标

保证肥皂的"新鲜度"，避免某些肥皂一直无人使用而过期，造成资源浪费，或者过期后使用，造成卫生隐患。

设计建议

先进先出、左近右出的原则可很好地保证使用物品的新鲜。

3.3　在 30 秒内取出或放回物品

案例 1

图 2-3-47　全体教职工名签　　　图 2-3-48　钥匙盒打开

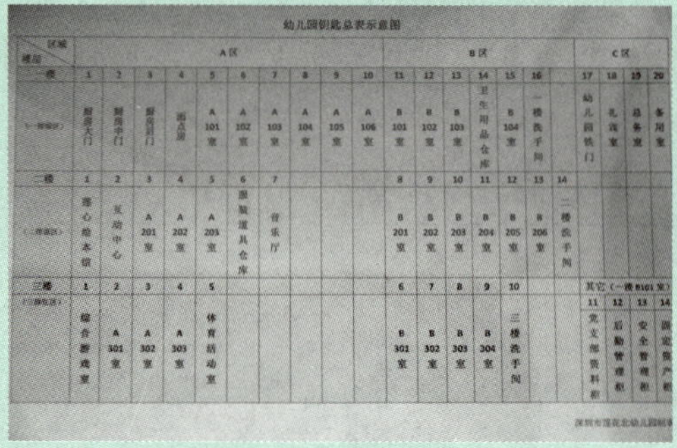

幼儿园钥匙总表示意图

区域／楼层	A区										B区							C区			
一楼	1	2	3	4	5	6	7	8	9	10	11	12	13	14	15	16		17	18	19	20
	厨房大门	厨房中门	厨房后门	面点房	A101室	A102室	A103室	A104室	A105室	A106室	B101室	B102室	B103室	卫生用品仓库	B104室	一楼洗手间		幼儿园铁门	礼宾室	总务室	备用室
二楼	1	2	3	4	5	6	7				8	9	10	11	12	13	14				
	爱心绘本馆	互动中心	A201室	A202室	A203室	服装道具仓库	音乐厅				B201室	B202室	B203室	B204室	B205室	B206室	二楼洗手间				
三楼	1	2	3	4	5						6	7	8	9	10			其它（一楼B101室）			
																		11	12	13	14
	综合游戏室	A301室	A302室	A303室	体育活动室						B301室	B302室	B303室	B304室	三楼洗手间			党支部资料柜	后勤管理柜	安全管理柜	固定资产柜

图 2-3-49　钥匙总表示意图

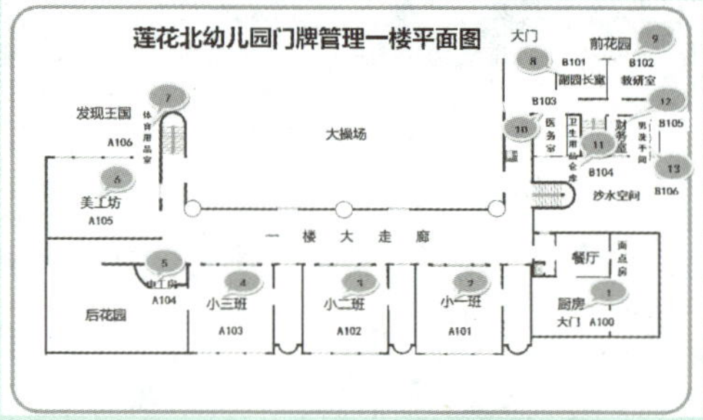

图 2-3-50　钥匙管理平面图

案例说明

(1)全园备用钥匙均存放在备用钥匙盒内，钥匙盒放在资源中心，且用三种颜色代表三个楼层，每层楼钥匙颜色与总表示意图颜色一一对应；每把钥匙上标明对应房间号；钥匙盒外悬挂有全体教职工名签。

(2)教师首先查看钥匙总表示意图，再对应取用自己需要的钥匙；教师取用钥匙时，将自己的名签挂在盒内钥匙处，归还时将钥匙挂上，将名签还原。

设计目标

(1)方便全园职工自取钥匙，提高工作效率；

(2)准确知道钥匙的去向，方便核对。

设计建议

如果有人正在使用某物品，标明谁正在使用和何时可以归还。同样的原理，园所备用物品或某类文件可集中统一管理，并做标识标签指引。

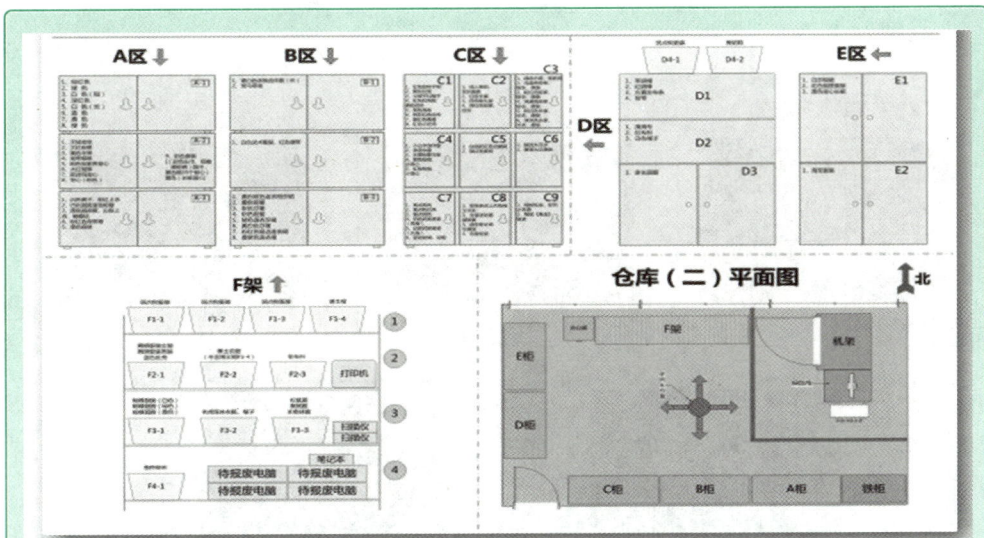

图 2-3-51　仓库区物品存放示意图

案例说明

(1)将仓库分为 5 个区,每区细化不同部分,如 C 区细化成 C1 至 C9 区;

(2)根据不同区域,设置不同的存放位置。

设计目标

(1)教师能根据平面图和示意图,快速从诸多物品中找到需要的物品,极大地提高工作效率;

(2)节约空间,创造干净、整洁的仓库环境。

设计建议

对物品多且杂的幼儿园,此种仓库管理方法极大解决了物品占地面积大和堆放杂乱无章、取放困难的问题。

3.4 做事有计划、有流程、有预案

案例 1

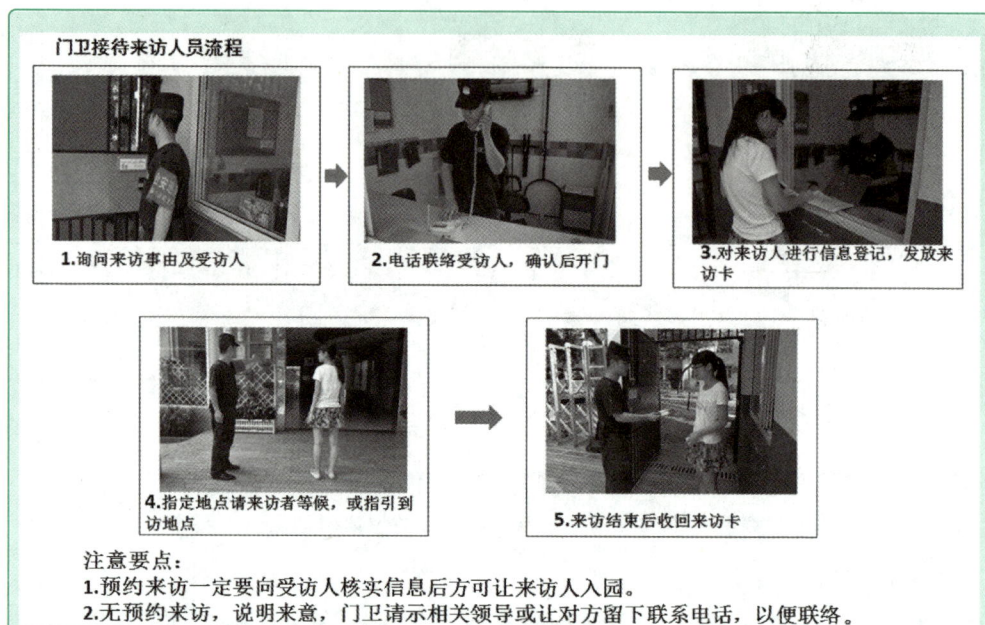

门卫接待来访人员流程

1.询问来访事由及受访人　　2.电话联络受访人，确认后开门　　3.对来访人进行信息登记，发放来访卡

4.指定地点请来访者等候，或指引到访地点　　5.来访结束后收回来访卡

注意要点：
1.预约来访一定要向受访人核实信息后方可让来访人入园。
2.无预约来访，说明来意，门卫请示相关领导或让对方留下联系电话，以便联络。

图 2-3-52　门卫接待来访人员流程

案例说明

(1)将门卫接待来访人员的步骤流程化；

(2)每个步骤均标明接待的关键事件。

设计目标

(1)展示园所形象，给来访者专业感和亲近感；

(2)避免非来访人员混入，杜绝安全隐患；

(3)此步骤流程化，即使出现顶班或换岗，也能一看就会。

设计建议

有些岗位易出现顶班或换岗，则更需要将此岗位的关键事件流程化、标准化，使得新手人员一看也会。

案例 2

图 2-3-53　园务工作计划

案例说明

(1)幼儿园一周工作计划提前安排，周一早上张贴在公告栏；

(2)一周工作计划包括：工作日上下午园务安排、本周工作重点、上周工作总结、幼儿出勤率等；

(3)标明园务计划的适用时间、取下时间和张贴取下责任人。

设计目标

(1)把握园所整体事务，告知全体教职工本周工作重点，各负责人或履行者认真履行；

(2)总结上周取得成绩、表扬有贡献教师，激发员工工作积极性。

设计建议

各岗位均可提前制订周工作计划，提高做事的计划性和效率，如园长一周工作计划、教师一周工作计划、保育员一周工作计划等。除一周计划外，还应制订学期常规工作安排或计划。

案例 3

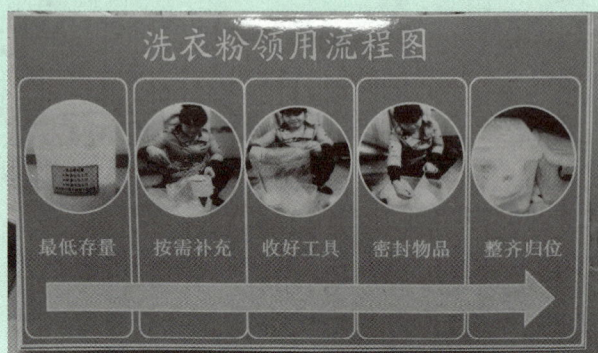

图 2-3-54　洗衣粉领用流程

案例说明

保育员到仓库自主领取洗衣粉。

设计目标

(1)智能化管理,节约人力资源;

(2)培养教职工良好行为习惯。

设计建议

流程化有利于教职工或幼儿做事形成规则,节约人力、时间。

案例 4

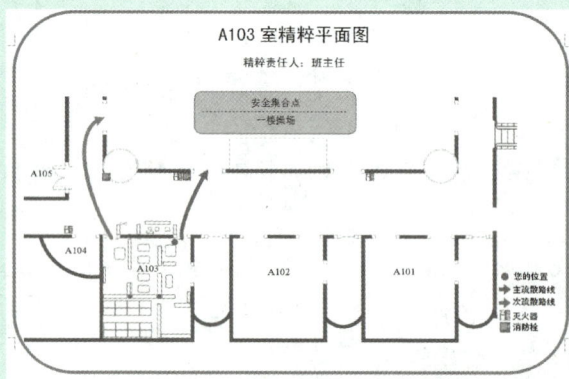

图 2-3-55　小三班消防疏散路线图

案例说明

小三班消防疏散路线图，路线有主路和次路。

设计目标

(1)张贴在班级门口，方便幼儿及教师查看，熟知消防疏散路线，保证意外发生时，能紧急、有序疏散，确保师生安全；

(2)渗透教育知识，幼儿学会看示意图，知道自己所处位置、逃生路线指向、幼儿园一层平面图等。

设计建议

全园每个教室或办公室等具体的地点均要有消防疏散路线图，保证意外发生时全园师生能有安全撤离的意识。

3.5　每日检查清洁和维护，定期审核精粹管理

案例1

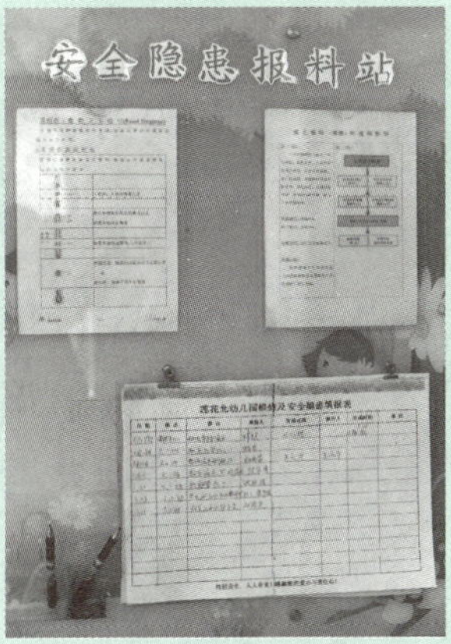

图 2-3-56　安全隐患报料站流程

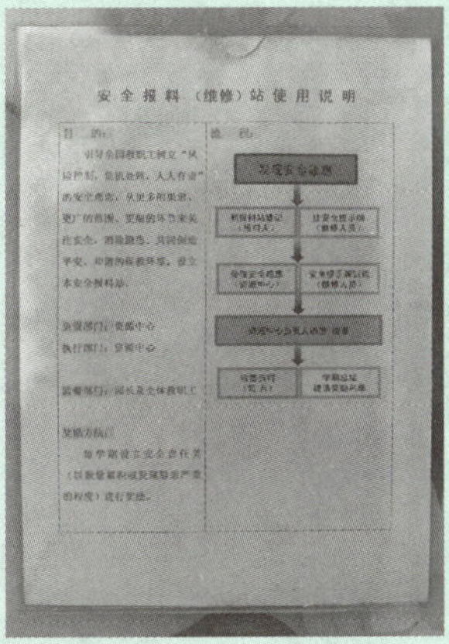

图 2-3-57　报料流程

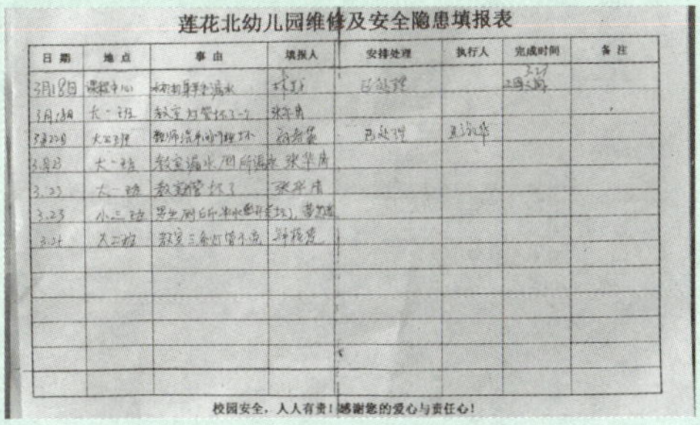

图 2-3-58　安全隐患填报表

案例说明

(1)全园教职工发现幼儿园某处有破损或安全隐患等问题，自主到维修站填写修理需求；

(2)维修工中午和晚上均会审核维修表，并维修，若不能当即维修好，则会在P牌上说明修好的时间。

设计目标

(1)提醒维修工及时修理，减少安全隐患；

(2)全园皆为幼儿园安全管理和精粹管理员，有利于园所整体安全；

(3)发挥教职工积极性，营造团结、和谐的教职工团队。

设计建议

若维修需求十分紧急，需要第一时间告知维修工，维修工当即修理。除设置精粹管理报料站外，还需针对各岗位设置检查表。

案例 2

图 2-3-59　专人定时检查和修理　　　图 2-3-60　专人定时检查和修理

图 2-3-61　定期检查与维修记录表

案例说明

列举各处的维修图片及维修记录表，包括干粉灭火器、消防设备、整体设施设备等维修记录表。

设计目标

维修记录表可反向提醒维修人员每天需修理或检查哪些设施设备，保证设施设备正常使用。

设计建议

维修记录表需根据园所设施设备制定，提醒设备人员应修理或检查什么。

3.6　今日事、今日毕

案例 1

下午备课老师精粹管理

教师一日工作计划 （完成请打 ✓）	下班前五件事 （完成请打 ✓）
备课	核对当日工作计划完成情况
联络家长	送所有物品、文件回家
网络更新	清理个人精粹管理责任区
制作教具	关闭所有电脑电源
清洁办公室	下班时，关闭电源，锁好门窗
办公台编号：BG——02	责任人：

图 2-3-62　下午备课老师精粹管理表

办公室人员下班前精粹管理

1. 做好规定的清洁工作内容
2. 整顿文件架（文件归家）
3. 清洁桌面/柜面/椅子/地面
4. 检查每日记事簿或用过的物品归放原处
5. 关计算面/关电源/关门窗

图 2-3-63　办公室人员下班前精粹管理表

案例说明

张贴在教师办公室墙面的教师精粹管理表。

设计目标

以提醒备课教师下班前需完成哪些事项，同时也避免班级教师出现更替或其他教师代班时出现的交接失误等。

设计建议

不同岗位有不同的侧重点，教师间互动归纳总结出适合本园本班本岗位下班前需完成的事项，如图 2-3-63 行政人员下班前的办公室精粹管理。

4. 质量要素标准

4.1 整体环境简约实用、通风明亮、环保安全

案例 1

图 2-3-64 幼儿园门厅

图 2-3-65 户外一角

图 2-3-66 办公室

图 2-3-67 会议室

案例说明

入园处、班级教师办公室和互动中心会议室整体环境。

设计目标

干净整洁的环境，有利于营造良好的工作氛围，提高教师工作积极性。

设计建议

园所可就办公环境统一设计，可以有不同特色，以展示园所风格。

图 2-3-68 卫生用品仓库整体环境　　图 2-3-69 服装用品仓储柜环境

案例说明

整体环境干净、整洁，环保安全。

设计目标

(1)保证物品与环境的干净、整洁；

(2)为全园幼儿和教职工创造有序、卫生的工作环境。

设计建议

整体环境的效果实则为精粹管理的整体效果，实施精粹管理后，幼儿园整体环境得到很大提升，不仅理性，更有人文气息。

4.2 处处无积水、无死角、无破损

案例 1

图 2-3-70 花篮处　　图 2-3-71 行政办公室

案例说明

(1)花盆悬挂，且将地面花盆围起来；

(2)办公室直线直角，避免产生死角。

设计目标

保证无积水、无死角和无破损，清除安全隐患。

设计建议

办公环境需特别注意积水问题，防止教职工和幼儿摔倒。

案例 2

图 2-3-72　仓库无死角、无破损

图 2-3-73　处处无死角、无破损

案例说明

仓库无积水、无死角。

设计目标

(1)保证仓库干净、整洁；

(2)便于仓库物品的存放。

设计建议

仓库积水问题易影响存储物品使用寿命，应避免仓库积水。

4.3　物品存放于合适的容器或层架，一目了然、清晰透明

案例 1

图 2-3-74　办公室打印纸放置

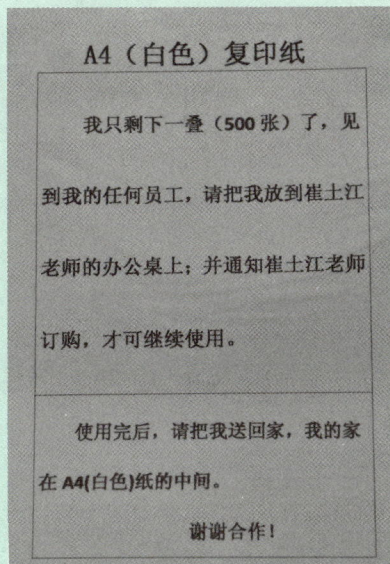

A4（白色）复印纸

我只剩下一叠（500张）了，见

到我的任何员工，请把我放到崔士江

老师的办公桌上；并通知崔士江老师

订购，才可继续使用。

使用完后，请把我送回家，我的家

在 A4(白色)纸的中间。

谢谢合作！

图 2-3-75　提醒牌

案例说明

(1)打印纸分层、分色摆放；

(2)每种色纸使用到只有一叠时，提醒牌会自动出现，提醒教职工找负责人取纸。

设计目标

(1)保证取用纸张方便，一目了然，各有各家；

(2)节约资源，持续使用。

设计建议

视觉管理是一种有效的持续改进手段，如办公物品多碎而杂，经常出现使用时却找不到的情况，因此用适宜的盒子将其统一放置，可随时监察。

图 2-3-76　物品存放清晰透明的容器内　　图 2-3-77　物品存放于合适的容器内

案例说明

仓库里不同的透明储物盒。

设计目标

所有物品透明清晰、一目了然，教工可以快速有效地查找、取放、补充物品。

设计建议

存放物品尽量使用透明的盒子。如果你必须使用不透明的金属板来作为盒子，那么你就应该在金属板上留一个检查窗口。

4.4　运用目视管理，幼儿也能看得懂，做得到

图 2-3-78　破损处挂上 P 牌

案例说明

如果发现破损，可自行到报料站登记，维修人员会及时处理，如修理需要时间，维修人员会在破损处挂上 P 牌，说明存在的问题和预计修好的时间。

设计目标

(1)使用者一看便知此物/此处存在问题，暂不能使用；

(2)通过查看 P 牌，知道该工具修理好的时间，可安排好再次使用的时间。

设计建议

P 牌的价值是提醒教职工该物品已损坏，目前不方便使用，会在何时修好。园所可自行设计更加美观、整洁或具有统一园所标志的 P 牌，提高园所整体形象。

案例 2

图 2-3-79 会议室椅子

图 2-3-80 椅子取放细则

图 2-3-81 会议室文件摆放

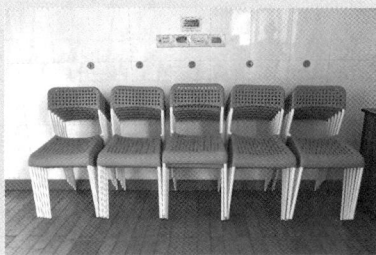

图 2-3-82 专职教师顶班自助记录表

案例说明

(1)根据椅子上方与椅子同色的点，规定椅子的摆放位置与排数；根据椅子取放细则，教师可知道每个点的椅子只能放5把；

(2)会议室文件均有明确标识，说明该文件夹存放资料的具体时间、内容和份数等，并用颜色标识，供自主取放，以免将文件顺序弄混。

设计目标

实现报告厅/会议室这一公共区域人人皆为管理员，如开会后自主将椅子归位，查阅资料后自主归还。

设计建议

公共区域可设置明确的精粹管理，实现自主管理，节约人力，同样的原理可见图2-3-82。

案例 3

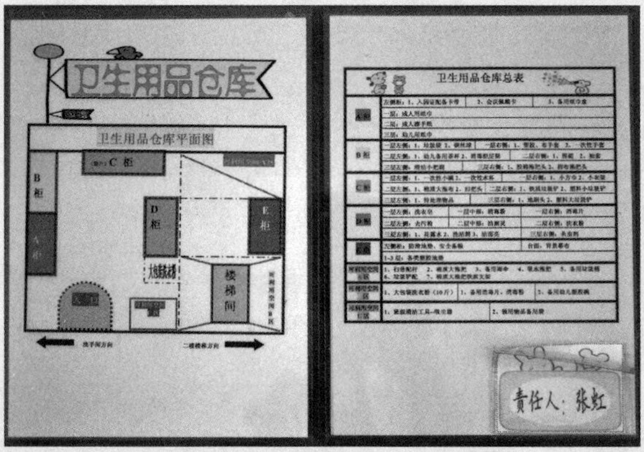

图 2-3-83 仓库储物总表

案例说明

将卫生用品仓库柜布局、柜层、物品及物品细节(码数、类型)统一说明。

设计目标

教师根据总表，能迅速拿取需要的卫生用品。

设计建议

幼儿园卫生用品种类和数量较多，需详细标出，以方便教师领取。

4.5 操作流程、设备使用、危险预防及危险品警示等指引清晰

案例1

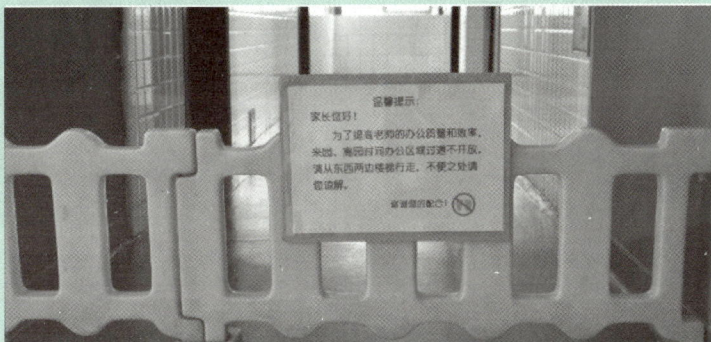

图 2-3-84 办公区域过道不开放说明

案例说明

家长接送幼儿时，办公过道不开放说明和护栏封锁说明。

设计目标

(1)用黄色护栏和温馨提示提醒家长与幼儿入离园时不要从办公过道走；

(2)保证办公环境安静，正常工作。

设计建议

对不开放领域需用护栏、温馨提示等说明。

案例2

图 2-3-85 危险警示指引

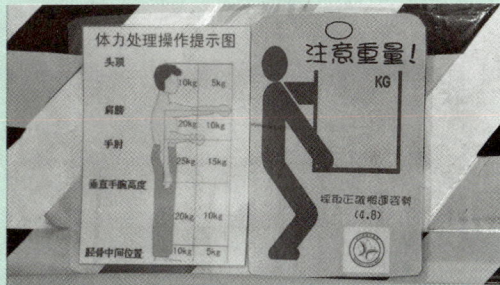

图 2-3-86 体力处理操作示意图

案例说明

(1)仓库低矮处张贴"小心碰头"警示语；

(2)在重物前贴体力处理操作提示图。

设计目标

提醒教职工小心碰头和小心重物，谨慎用力，实现危险管理。

设计建议

在低矮处、易滑处或易跌落处等地张贴警示语或温馨提示语，避免安全隐患。

案例 3

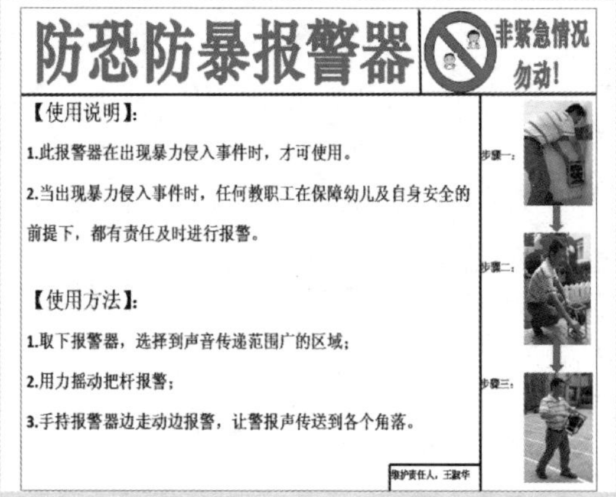

图 2-3-87　防恐防暴报警器

案例说明

针对暴力入侵事件，制定紧急报警流程。

设计目标

防恐防暴力，面对暴力入侵，能及时报警，保护园方人员安全。

设计建议

园方可将外力入侵事件的处理方法标准化、流程化，以保证外力入侵时人人都有能力报警。同时，幼儿园应有基本的警示性标识，告知入园者注意事项，如图 2-3-88。

禁止吸烟
小心滑倒
禁止攀爬
禁止触摸
灭火器
盘式消防水带
小心有电
儿童P牌
此设备故障，暂停使用；
维修后p牌放回原处。
发现日期：
维修地点：
维修内容：
维修人员：
预计完成日期：
儿童P牌
儿童P牌
紧急出口

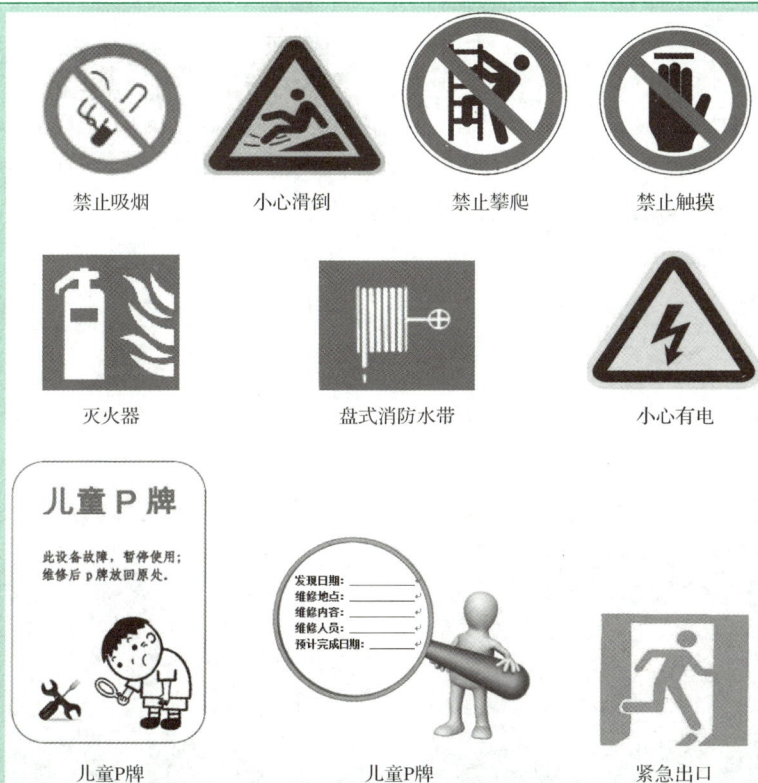

图 2-3-88　园内各类标识

4.6　教职工自律、幼儿习惯好

案例 1

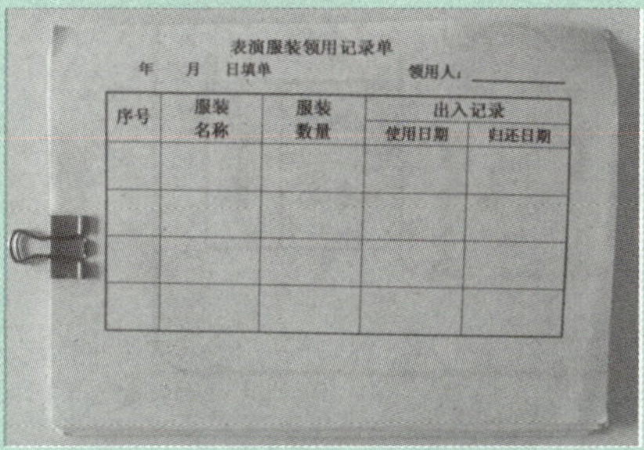

表演服装领用记录单

年　月　日填单　　　　领用人：________

序号	服装名称	服装数量	出入记录	
			使用日期	归还日期

图 2-3-89　服装领取登记表

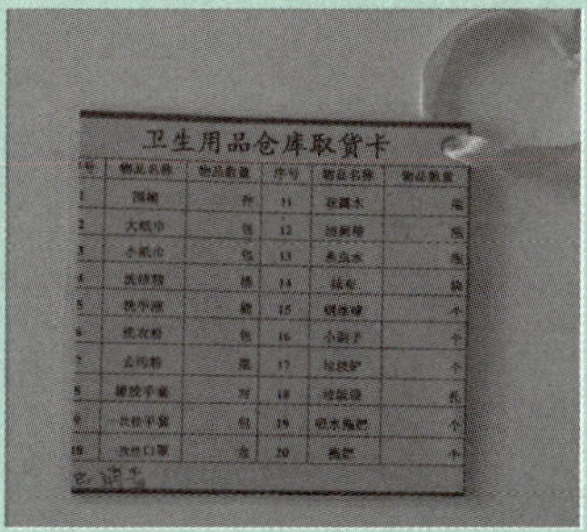

卫生用品仓库取货卡

图 2-3-90　卫生用品取货卡

案例说明

教职工根据领取的某类物品，在相应领取表上登记领取的具体物品和数量。

设计目标

教职工根据物品总表和具体物品说明，领取所需物品，并自主登记，实现物品自主管理，节约人力资源和时间资源。

设计建议

领取表设计可更多元化，如贴纸或打钩式，教师领取某类产品，可贴对应贴纸或自主打钩。

案例 2

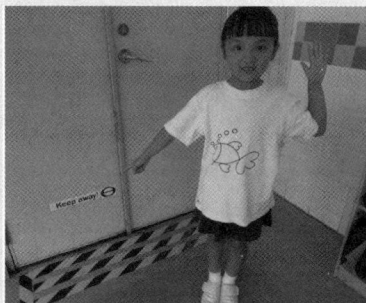

图 2-3-91 儿童远离不宜之地

图 2-3-92 禁止抛物和攀爬

图 2-3-93 安全标识记心中

图 2-3-94 毛巾捂鼻逃生

案例说明

幼儿知道不进入危险地方、不攀爬，记住安全标识，并在遇到火灾时用毛巾捂住鼻子，弯腰走。

设计目标

提高幼儿的自我保护能力。

设计建议

幼儿能识别的安全标识可有效告知其如何自我保护和提醒其他同伴。

四、幼儿园精粹管理的运行和保障

精粹管理标准的"5.1知其然，知其所以然"和"5.2知行合一就是力量"主要体现在精粹管理的推动和实施上。为了使教职工内化精粹管理，我们做到以下措施，保证教职工懂其精髓、知行合一。

（一）建立精粹管理机构

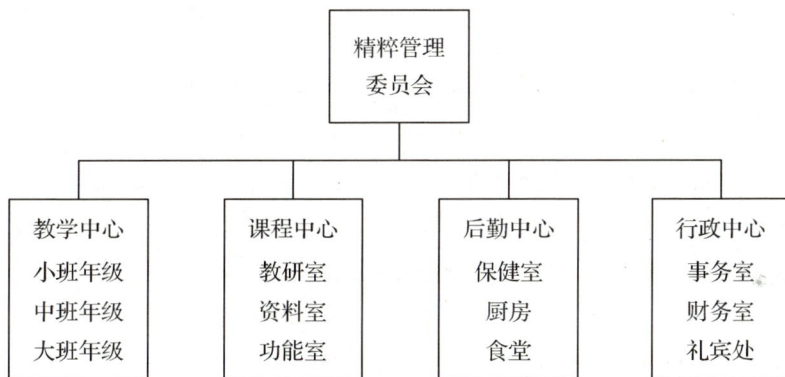

图 2-4-1 精粹管理机构图

（二）明确教职工分工和职责

表 2-12 精粹管理分工及职责表

岗 位	职 务	职 责
园 长	主 席	1. 领导、统筹全园精粹管理的推进及提升 2. 保障推行过程中所需的各项资源，支持和确保顺利运作
业务副园长	副主席	1. 统筹及监察全年幼儿园精粹管理推行计划 2. 修订和审核幼儿园精粹管理标准及运作机制
后勤副园长	副主席	3. 安排教职工精粹管理培训及接待观摩活动 4. 带领精粹管理团队制订精粹管理提升计划和活动的实施
陈晓燕	秘书长	5. 为精粹管理活动的不断完善提供咨询和推广 6. 编写和修订幼儿园精粹管理手册
保健长	副秘书长	7. 负责所用标识的修订

续表

岗 位	职 务	职 责
小班年级长及协助老师	委 员	1. 协助统筹全年幼儿园精粹管理的推行计划 2. 协助做好每次的内审工作 3. 监察及汇报本部门精粹的执行情况；协助或辅导其他人员认识及执行幼儿园精粹管理 4. 协助做好幼儿园精粹管理相关培训工作 5. 接受委员会所安排的幼儿园精粹管理实施活动 6. 做好分区及个人的精粹管理活动
中班年级长及协助老师	委 员	
大班年级长及协助老师	委 员	
课程中心负责人	委 员	
资源中心负责人	委 员	

（三）确定实施计划

计划保障：

A. 年度计划内容：

（1）会　　议：精粹管理委员会每两个月召开一次

（2）编订手册：修订标准及系统内容，每年四月份修订一次

（3）全体培训：所有新入教职工需于半年内完成精粹管理培训课程

（4）精粹管理日：逢单周星期二为精粹活动日；全体教职工参与

（5）内部审核：每月一次，由审核组长安排审核人员进行

（6）外部审核：每年一次

B. 2016 年幼儿园精粹管理年度计划实施时间表

表 2-13　精粹管理年度计划实施时间表

月份 项目	1	2	3	4	5	6	7	8	9	10	11	12
1. 会　　议			□			□			□			□
2. 修订手册				◆								
3. 班组培训			○						○			○
4. 内部审核		△	△	△	△	△			△	△	△	△
5. 外部审核			▲									

说明：

□：幼儿园精粹管理会议定于每学期两次，由委员会进行策划和实施。

◆：根据实际工作情况安排手册修改的时间，保证在当月内完成。

○：具体培训内容及培训时间由资源中心和课程中心进行安排。

△：每周一次局部有重点的内部审核；一月进行一次全面审核。具体审核内容由审核组长安排。

▲：每一年进行一次外审，具体时间与香港五常协会协商确定。

（四）实施方法 🌿

1. 全园参与

全员参与（见三层责任区图），每人都有精粹管理责任区，并明确管理职责。编订精粹管理责任分区，以目视管理作为标准。

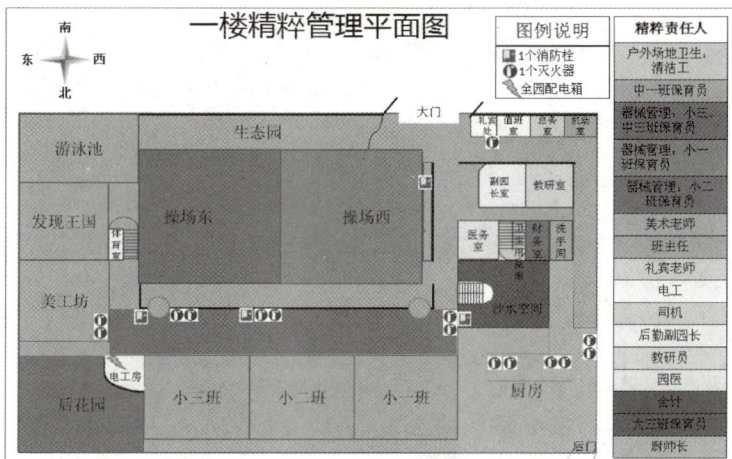

图 2-4-2　一楼精粹管理责任分区图

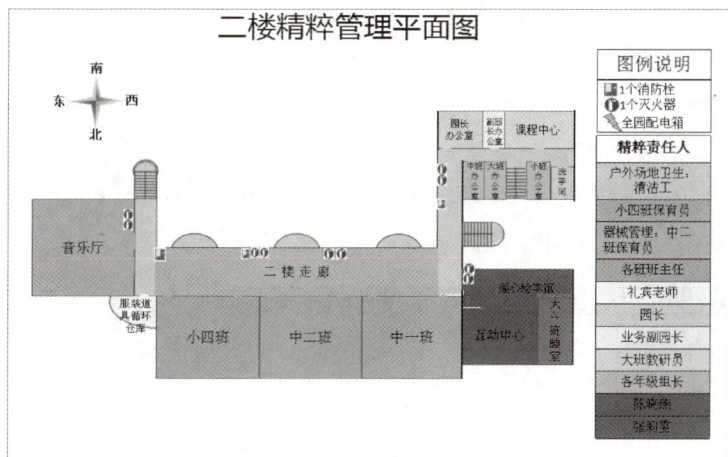

图 2-4-3　二楼精粹管理责任分区图

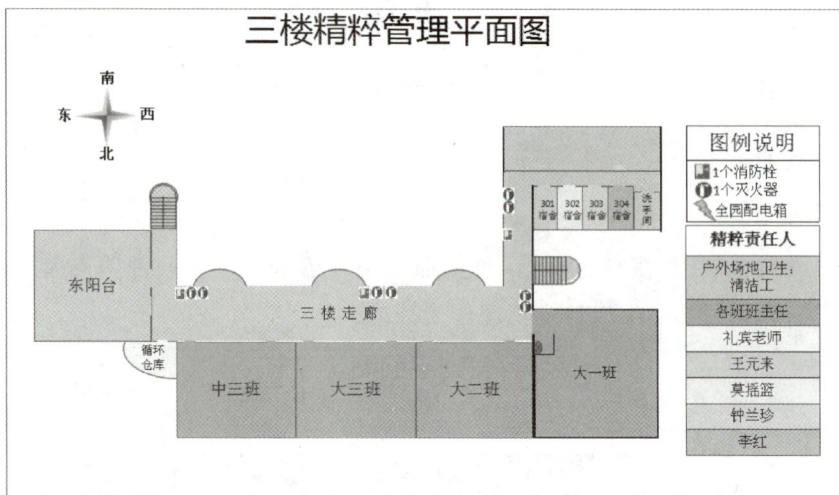

图 2-4-4 三楼精粹管理责任分区图

2. 持续改善机制

按审核计划进行幼儿园精粹管理内部审核和外部审核。

以精粹管理委员会的标准为审核基准。

每次审核(内部审核及五常法协会审核)均须记录,有关记录由精粹管理委员会公布。各负责人根据公示栏中公布的内容,进行纠正和整改。纠正措施须于指定日期内完成,以确保有关不合格点得到妥善的纠正和预防。

精粹管理委员会定期召开会议,检讨推行幼儿园精粹管理过程中的现行措施、审核基准的适宜性,并拟出合适的修订方案;创新及提升的成效等。

经过近十年的精粹管理的推行,幼儿园教职工已经形成内化的精粹行为,并取得了一系列优秀成果,包括荣获香港五常法协会创意五常大奖金奖、年度0-NC卓越成就大奖和年度五常卓越贡献大奖;课题《幼儿园精粹管理的理论建构与实践探索研究》成为全国教育科学规划课题等。

五、幼儿园精粹管理的创新型运用

精粹管理在实施过程中,出现了一批批创新型运用成果。

图 2-4-5　洗手高度指引点

说明：在水龙头下方合适的高度贴上洗手时手部高度指引点，一则可以提醒幼儿洗手时手的放置位置，避免幼儿对不准水龙头，锻炼幼儿的手眼协调能力；二则可以有效减少幼儿洗手时水滴的溅出。

图 2-4-6　手工纸创意夹

说明：用纸巾筒剪开一侧，做成夹子，将手工纸夹在缝中，不仅节约资源，废旧物品再利用，而且一目了然，幼儿取放方便。

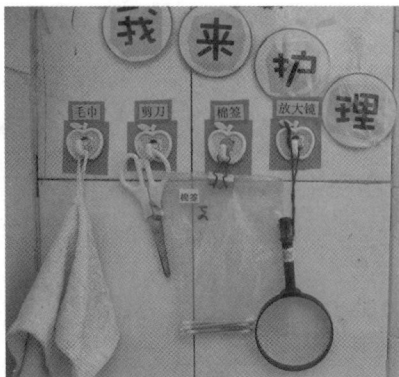

图 2-4-7　植物护理一套工具

说明：植物护理一套工具，标识标签清晰，一目了然。

图 2-4-8

说明：将彩带装在瓶子里，防止彩带杂乱。幼儿在使用彩带时，根据自己的需要拉出不同长度彩带。木棍用于提醒幼儿将彩带拉至木棍长度时再用剪刀将线剪断，以方便下一位幼儿使用彩带，避免幼儿在靠近盒子处将彩带剪断，下一位幼儿再取用时彩带缩至瓶里。

图 2-4-9　种植区

说明：植物容器充分使用废旧物品及幼儿装饰美化并且摆放有层次。记录本、护理一套工具、植物存放布局美观。

图 2-4-10　肥皂盒的精粹管理

说明：没有多余碎皂，美观、实用。

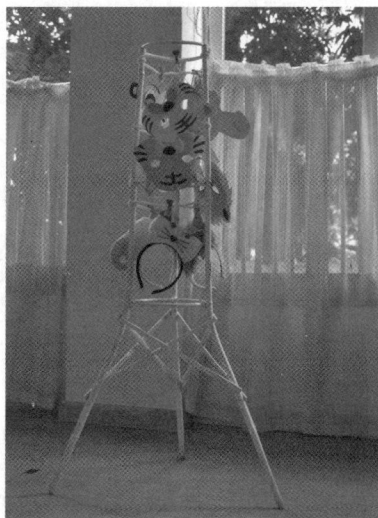

图 2-4-11　头饰架

说明：花篮竹架，用完后涂白变成头饰架。废旧物品再利用、节约资源、环保安全。

（二）PVC管的创新型运用

图 2-4-12　班级美工区材料架

图 2-4-13　班级美工区材料架

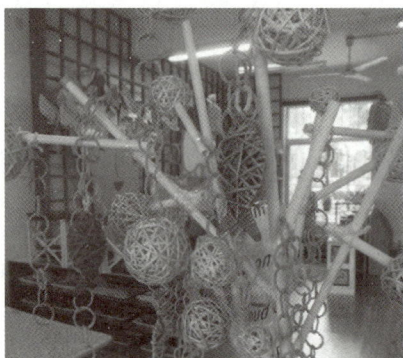

图 2-4-14　班级展示架

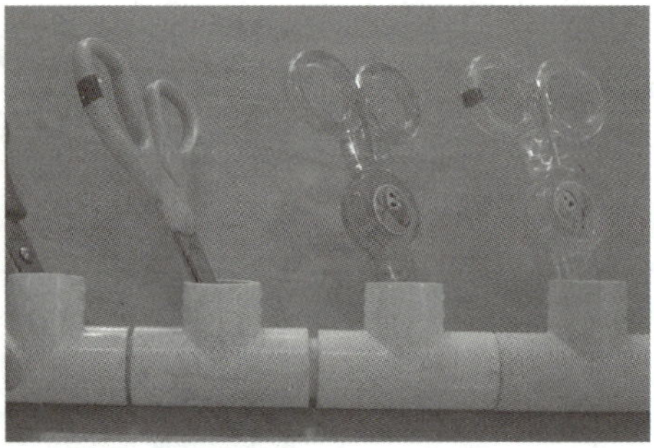

图 2-4-15　剪刀容器

图 2-4-16　PVC球筐

图 2-4-17　橄榄棒收纳

图 2-4-18　PVC 挂钩

图 2-4-19　PVC 挂钩

图 2-4-20　PVC 鞋套收纳管

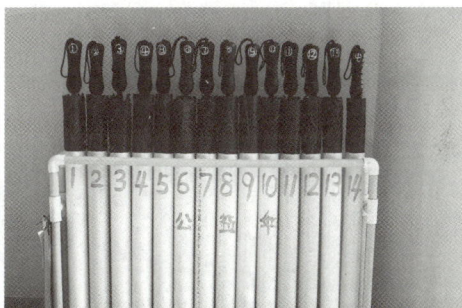

图 2-4-21　PVC 雨伞收纳管

六、幼儿园精粹管理的综合运用——以入园活动为例

幼儿园精粹管理是幼儿园的综合管理方法，我们以入园活动为例，阐释幼儿园精粹管理在幼儿园的综合运用。

（一）入园活动目标

儿童发展目标：幼儿能愉快、独立入园；幼儿能学习自我服务，培养独立性；幼儿能承担责任，为他人和集体服务，培养文明素养；幼儿感受到安全与被爱，肯定自己也接纳别人。

教师管理目标：了解每个幼儿的特质（身体、情绪），与幼儿良性互动；有效管理教室，提供有准备的环境；与家长沟通幼儿情况，做好家园共育。

家长协调目标：信任幼儿，帮助幼儿独立入园；和医生、教师做好入园衔接。

（二）入园活动准备

包括幼儿园大门、晨检处、迎宾处和教室。

图 2-4-22　摆放分流设施

图 2-4-23　保安人员就位

幼儿园大门处：

（1）根据图示，准确摆放门口人群分流设施，保持入园通道的畅通与安全。

（2）保安人员及各楼层的安全指引人员就位，把好人员出入关，防止幼儿自行离园和外来人员随意出入。

图 2-4-24　礼仪小天使就位

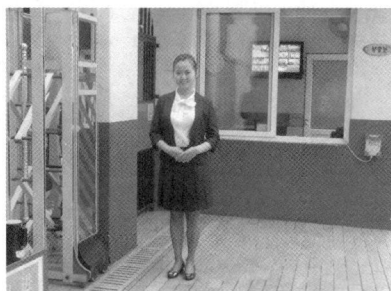

图 2-4-25　值班领导就位

（1）7：40　礼宾处老师召集礼仪小天使，检查其服装，为其佩戴礼仪绶带，讲解迎宾要求。

（2）7：45　6～8 位礼仪小天使整齐分列两排。

（3）7：45　值班领导迎宾就位。

图 2-4-26　园医晨检就位

图 2-4-27　晨检用具

晨检处

(1) 7：35—7：45 园医备齐晨检用具(晨检桌、电子体温计、手电筒、幼儿药品收纳篮、幼儿晨检心情卡、家长喂药委托书、晨检记录本、笔)。

(2) 7：45 园医着白大褂就位。

图 2-4-28 开窗

图 2-4-29 取出已消毒用具

教室

(1)教师开门开窗，保持室内空气流通。

(2)取出已消毒好的口杯和毛巾。

(3)根据晨间锻炼的地点，悬挂户外场地指示牌。

(三)入园活动六部曲

第一步 来园	
 图 2-4-30 与家长道别	 图 2-4-31 值班园长微笑迎接
幼儿行为	教师及工作人员行为

第二步　考勤

图 2-4-32　入园打卡

幼儿行为	教师及工作人员行为
幼儿入园时打卡，然后将考勤卡放回书包。	教师提醒幼儿打卡。

第三步　晨检

图 2-4-33　晨检

幼儿行为	教师及工作人员行为
幼儿主动向保健医生问好，并张嘴、伸手，配合医生做好晨检；主动向医生道谢（有需要服药的幼儿将药品交给医生，如身体有不舒服的感觉也及时告诉医生）。	保健医生一摸、二看、三问、四查、五处理，并做好记录，了解幼儿身体状况，并发健康活力卡。

续表

第四步　途中

图 2-4-34　见面问好

幼儿行为	教师及工作人员行为
幼儿主动向途中遇见的教师、其他幼儿问好。	教师面带微笑，双眼注视幼儿的眼睛，鞠躬问好。

图 2-4-35　独自进班

图 2-4-36　安全指引人员关注幼儿安全

| 幼儿沿班级路线安全进班。 | 安全指引人员提醒幼儿按照各班级的路线进班，上下楼梯靠右行，不在途中逗留、跑闹。各楼层均有安全指引人员，保证幼儿处于教师视线范围内。 |

续表

第五步　问候	
 图 2-4-37　向教师问好	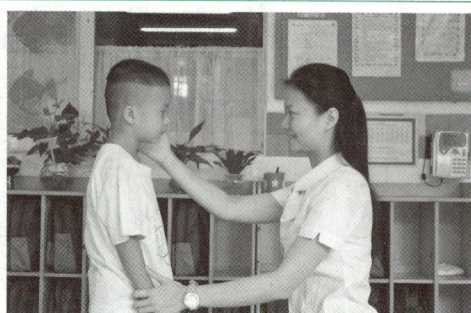 图 2-4-38　主动与班级教师交流
幼儿行为	教师及工作人员行为
幼儿主动向班级教师问好，并将自己的身体健康状况、情绪问题等向教师说明，并递交亲子作业单。	(1)教师与幼儿的各种问候方式。 　　小班：抱一抱、亲一亲，还可以叫他(她)的乳名，聊一聊其感兴趣的话题等。 　　中班：和幼儿拉拉手，说一些激励和赞美的话，如："某某小朋友，你今天真精神。""你剪了头发变得更帅了!" 　　大班：教师以幼儿朋友的身份出现，与幼儿击击掌或拍拍肩，给他(她)一个甜蜜的微笑或者说一句激励的话。 　　(2)个别教育。 　　注意观察情绪不好的幼儿，耐心了解原因，解决问题，引导幼儿开心起来；关注需要服药和观察的幼儿，及时了解其身体健康状况。 　　(3)家园沟通。 　　与个别有需要的家长进行简短的沟通；指引家长在放心本中留言。

续表

第六步　整理	
 图 2-4-39　整理书包	
幼儿行为	**教师及工作人员行为**
小班幼儿会自己放书包、放杯子、挂毛巾、洗手、喝水、如厕；中大班幼儿会自我服务和为他人服务（放杯子、挂毛巾、翻日历、更换晨间锻炼指引牌等）。	教师提醒幼儿将回收资料摆放整齐，并留意幼儿手中或书包里是否有危险物品，如钉子、刀片、石子、火柴等，防止安全事故的发生。 教师指导小班幼儿先洗手再放杯；鼓励中班管理员为同伴服务；提醒大班幼儿整齐地摆放书包，听口令集合，准备晨练。

（四）精粹管理六要素的体现

数量要素的体现：一张喂药委托书、一张健康活力卡、一张去向指示牌、一个关怀（问候方式）、一个职责（礼仪小天使）、一站式服务、一小时会议等。

喂药委托书（请用正楷填写）

服药日期：　　年　　月　　日　　　　幼儿姓名：　　　　　　班级：

药物名称	每次药量	服药时间

本人确认：今天委托服用的药是____年___月___日在________医院就诊，医生开出的药品；药品厂家名称：______________，产品批号：__________。**委托人（家长）签名：**__________	确认已服药（班级保教人员签名）	
喂药医生签名：		

《喂药委托书》使用说明：
①请家长在家里提前填写好，和药品一起装在小袋子中，晨检时交给园医；
②医生喂药前核对药量、药品等情况，确保幼儿按时安全服用，并签名；
③班级老师确认幼儿已服用，并签名；
④《喂药委托书》由幼儿园保健室保存；
⑤此委托书复印有效。委托书在幼儿园网站上有下载。

图 2-4-40　喂药委托书

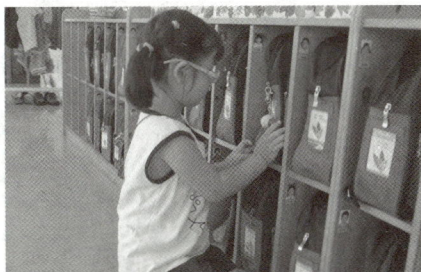

空间要素的体现：迎宾处、晨检处、入口处、教室等各有教师或工作人员管理，大家各司其职，且有名有家，集中存放，并有标识标签指引。

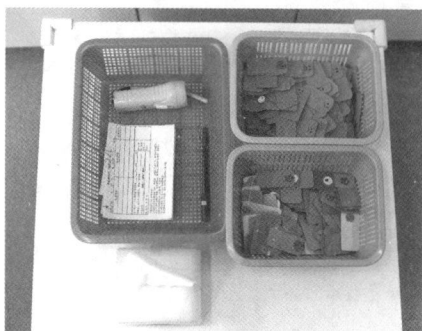

图 2-4-41　晨检工具

图 2-4-42　户外活动指向牌

时间要素的体现：整个入园活动均是做事有计划、有流程、有预案的体现。

质量要素的体现：最大特点是运用目视管理，幼儿也能看得懂、做得到，且教职工自律、幼儿习惯好。

图 2-4-43　健康活力卡的颜色管理

图 2-4-44　懂礼貌的礼仪小天使

因果性要素和必然性要素的体现：幼儿能有序入园、晨检直至安全进班。全园为了养成幼儿良好的行为习惯和集体规则，发明了许多精粹管理小工具，如健康活力卡、礼仪小天使入园卡。

第三章　精粹管理的实施与推广

幼儿园精粹管理的宗旨与效果是让薄弱幼儿园管理更规范、让规范幼儿园办学上等级、让示范幼儿园质量成品牌，并最终实现幼儿优质成长、教职工专业发挥、幼教行业全面提升的整体效应。那么，如何实施与推广精粹管理是目前所面临的至关重要的问题，本章将以莲花北幼儿园为源地，抽象出精粹管理的实施路径，并以深圳市松和幼儿园为个案实践基地，以深圳市福田区 36 所私立幼儿园为区域推广基地，呈现精粹管理的实施效果与推广策略。

一、幼儿园精粹管理的实施步骤

精粹管理的实施包括三个经典步骤：导入精粹理念—塑造精粹现场—持续精粹标准。

（一）导入精粹理念

精粹管理的实施核心是要求全园或全机构从最高管理层到每一位员工都拿出自己的决心和行动，而且需要成立精粹管理委员会来指导整个幼儿园或机构逐步实施精粹管理。

导入精粹管理理念的具体步骤包括：

①全园上下充分沟通，了解精粹管理的实施效果，感知精粹管理的作用；

②签订承诺书，如园长或董事长必须做出全面承诺，为精粹管理的实施与培训提供资源；

③成立机构，成立精粹管理委员会或小组，设置总负责人和区域负责人。其中，精粹管理委员会由各职级代表组成，并在委员会内担任职务，承担相应的职责，推动、执行及监察审核精粹管理的运作；

④责任分区，制作精粹管理平面图，将幼儿园按楼层、区域划分，设置总负责人和各区域负责人、负责班级或负责部门，并确保每人都有精粹管理责任区和具体职责，每层楼都有精粹管理责任分区示意图；

⑤制订计划，制订精粹管理全园实施时间表、实施关键事件和区域实施

计划；

⑥启动大会，召开精粹管理启动大会，全园知晓精粹管理的启动；

⑦骨干辅导，对精粹管理委员会成员进行精粹管理培训辅导，包括分层培训，如教育教学、后勤、行政总务，按保育老师、班级教师、厨房师傅等分别培训；

⑧参观示范，园长和部分教职工参观精粹管理示范园，实地观摩，了解精粹管理现场呈现效果，激发实施精粹管理的决心和激情，并学习精粹管理的实施。

（二）塑造精粹现场

塑造精粹现场可细化为 10 大步骤：

①精粹初诊，精粹管理专家来园现场评估，对园所现状进行一次全面的初诊断，帮助办园者了解本园现状及实施精粹管理的方向；

②物品分类，根据物品的种类、性质、需求程度、使用频率等将物品分类；

③抛掉垃圾，对多余的、不再使用或陈旧不堪、破败的物品进行处理；

④定点定位，对所有物品的放置位置进行定位；

⑤定量定性，对需要设置高低存量的物品进行规定，如消耗品等；

⑥深度清洁，对各区域、各空间进行彻底的打扫与清洁；

⑦破损维修，对全园各处有破损的地方进行维修；

⑧流程图示，将各类流程图展示出来，按流程图操作；

⑨线上学习，莲花北幼儿园利用信息技术，借助互联网思维，研发了精粹管理线上学习课程①，供广大精粹管理实施者边学习边实施边改善，充分提高管理质量；

⑩专家审核，邀请专家到园审核，明确实施现状和下一步优化方向。

（三）持续精粹标准

第三阶段的精粹管理实施园应着手建立精粹管理标准，包括：

①编制精粹管理标准手册和建立精粹管理博物馆。其中包括标准图示，如摆放物品的标准图、高低存量的引线。流程群，即各种做事的流程。标签库，各标签按各区域分类存放，以供随时打印使用；

②优化创新，在实际操作过程中，依据园所特点不断改进精粹管理；

---

① 手机应用商店搜索"拉拉勾"软件并下载注册登录，可在"幼儿园精粹管理在线"学习精粹管理课程。

③设立精粹日，精粹日当天全员需检查各区精粹管理现场，强化精粹管理在全园的意识与价值，维持精粹管理质量；

④建立激励机制，如口头与书面表扬、设立示范点、设立优秀奖与创新奖（有团队奖和个人奖两种形式）等；

⑤审核认证，包括内审和外审。内审是幼儿园内部轮流审核某区域或各区域同时审核，其频率可以是每周一次和每月一次。精粹管理外审是幼儿园申请精粹管理认证协会的认证，协会将到幼儿园现场进行认证，其频率可以是前三年每半年一次，三年后每年一次；

⑥课题研究，实施精粹管理后的幼儿园可以根据实施经验申请相关的课题研究，如研究精粹管理的实施效果、实施过程中的改善或精粹管理与园所课程的结合等，以更有效加深全园对精粹管理的认同、巩固精粹管理的效果；

⑦人才培养，有计划对全员进行精粹管理培训，包括园外培训（实地观摩示范园、参加精粹管理系列课程培训）和园内培训（精粹管理），线上培训和线下培训；

⑧示范帮扶，实施精粹管理效果较好的幼儿园可尝试承担一定的示范帮扶工作，如作为精粹管理基地园或精粹管理示范园向其他园所进行辐射。

二、幼儿园精粹管理的实例分享

幼儿园精粹管理已在深圳市第九幼儿园、深圳市松和幼儿园进行了个体实践，并取得了显著效果。同时也在深圳市福田区 36 所幼儿园进行区域推广。现以深圳市松和幼儿园为例，详细说明精粹管理在松和幼儿园的推行步骤。

（一）精粹管理个案推广的案例分享

松和幼儿园于 2014 年 8 月 24 日成为深圳市第一家精粹管理基地园，至 2016 年 8 月已有两年时间，在此回溯其精粹管理的推行历程，以期为更多幼儿园提供精粹管理进园的路径参考。

1. 园所基础

松和幼儿园是爱爱教育中心建于 2003 年的一所民办幼儿园。幼儿园占地面积 3839 平方米，建筑面积 4181 平方米，户外活动面积 2495 平方米。园内设有音乐活动室、科学启蒙室、图书阅览室、综合游戏室、创意美术室等功能室。

2. 精粹管理的实施

松和幼儿园实施精粹管理已有两年时间，精粹管理理念与行动已渗透到幼儿园管理的方方面面，具体推行步骤如下：

（1）导入精粹理念

首先，松和幼儿园领导层在了解精粹管理理念与实施效果后，高度认可和全力支持松和幼儿园引进精粹管理。在领导层确定推行精粹管理后，其快速与莲花北幼儿园沟通引进精粹管理的可行性和具体步骤，在与莲花北幼儿园取得双向合作意向后，松和幼儿园大刀阔斧成立精粹管理委员会，确定精粹管理团队成员，明晰各自职责。

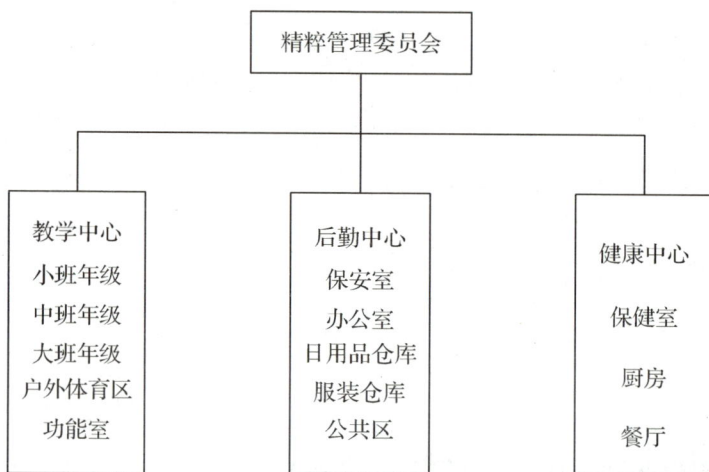

图 3-1　松和幼儿园精粹管理委员会

表 3-1　精粹管理委员会成员责任表

岗　位	担任精粹管理职务		职　　责
园　　长	主　　席		领导、统筹全园精粹管理的推进及提升
业务副园长	秘书长	行动审核组长	负责指导全园精粹管理工作的全面实施
后勤副园长	副秘书长	行动审核副组长	负责后勤中心精粹管理的推进工作
后勤主任	副秘书长	行动审核副组长	协助后勤中心精粹管理的推进工作
教学主任	委　　员	行动审核组组员	负责教学中心精粹管理的推进工作
保健医生	委　　员	行动审核组组员	负责健康中心精粹管理的推进工作
小班年级组长	委　　员	行动审核组组员	负责小班年级精粹管理的推进工作
中班年级组长	委　　员	行动审核组组员	负责中班年级精粹管理的推进工作
大班年级组长	委　　员	行动审核组组员	负责大班年级精粹管理的推进工作
保育组长	委　　员	行动审核组组员	负责保育组精粹管理的推进工作
厨房班长	委　　员	行动审核组组员	负责厨房班组精粹管理的推进工作

成立精粹管理委员会和明晰幼儿园领导层面责任后，莲花北幼儿园指导松和幼儿园制作了全园精粹平面图，保证每块区域均有责任人，也明晰个人职责。

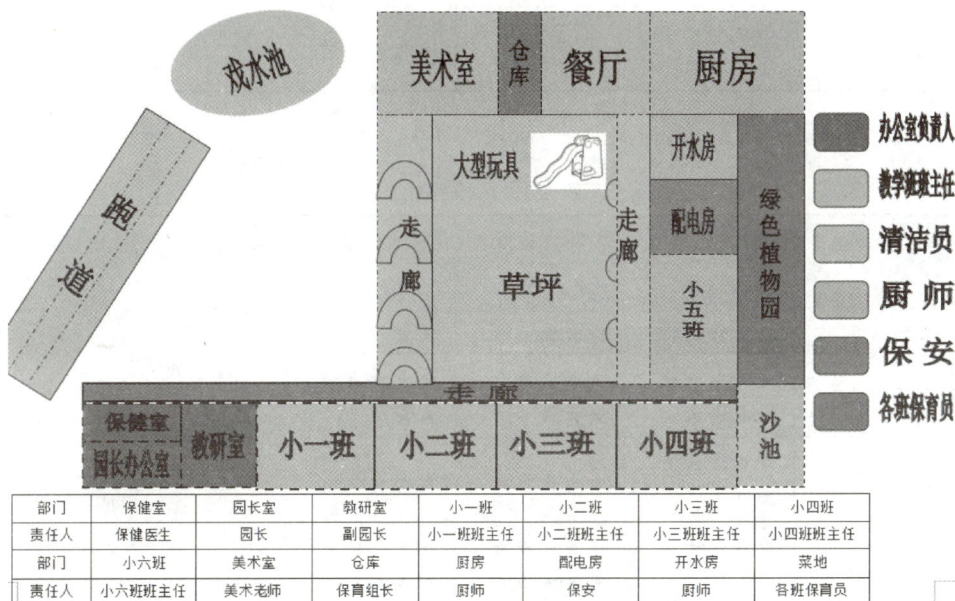

图 3-2 松和幼儿园一楼精粹管理平面图

经过莲花北幼儿园和松和幼儿园共同讨论，制定了松和幼儿园实施精粹管理的总目标和阶段目标。松和幼儿园推行精粹管理的总目标包括：全面落实"精粹管理"的六要素法；带领幼儿园从"粗放型"向"标准型"、"智能型"进阶，提升幼儿园安全、形象、内涵、质量和持续发展的能力。实现松和幼儿园一年见成效、两年建标准、三年成特色的发展目标。

表 3-2 总目标

六要素的构成	在幼儿园管理中的价值	具体内容
数量要素	优化人员、经费、组织等配置	通过数据分析，给出最佳资源配置方案
空间要素	安全、卫生、形象	目视管理、现场管理、颜色管理
时间要素	有品质、高效率	日常工作有流程、固定工作有程序、意外工作有预案
质量要素	幼儿园核心竞争力	幼儿园园本课程

续表

六要素的构成	在幼儿园管理中的价值	具体内容
因果性要素	园所发展（人的精神、效益提升）	为什么这么做
必然性要素	依据时空、数量、质量、因果性变化而变化	还能怎么做

根据总目标分解阶段目标，每个阶段有不同工作重点。

表 3-3　阶段目标

六要素	着力程度			内容形式
	第一年	第二年	第三年	
数量管理	★★★☆☆	★★★	★★	现场辅导 现场审核 工具书提供 教工培训 家长讲座 教师培训 班子培训 实地参观 跟岗学习
空间管理	★★★★★★★★★★	★★★★★★★★	★★★★★★★	
时间管理	★★★★★★★	★★★★★	★★★☆☆	
质量管理	★★★★★	★★★★★★★★	★★★★★★★★	
因果性管理	★★★☆☆			
必然性管理	★★☆☆☆	★★★☆☆	★★★★★	

经过前期一系列工作，松和幼儿园召开了启动大会。爱爱教育集团中心董事长率先表态全力支持精粹管理入园。

亲爱的爱爱松和园全体教职员工：

你们好！

从本学期开始，爱爱教育机构确定全面导入"幼儿园精粹管理"指导体系，根据该课程的要求以及中心领导全面考察，现确定松和幼儿园成为机构首家试点园！在此向大家表示热烈祝贺！

"幼儿园精粹管理"体系，是积累深圳幼教人近十年的幼儿园实战经验，经一线教师及管理团队亲身实践，数千名儿童和家长的共同印证，获得教育主管部门高度赞扬的一整套幼儿园标准化专业管理系统。今年4月我首次接触到精粹管理，就被它严谨的理论体系、实用的操作体系以及规范的流程体系深深吸引，后来通过跟史勇萍园长以及她的精粹管理团队有了进一步接触，他们身上散发出的幼教人的自信、从容、优雅的气息更让我觉得，这就是爱爱人今后学习的榜样！

　　爱爱教育机构经历二十年的发展，从当初一家小小的关外园发展成为今天颇具规模的教育综合体，积极进取、永不停步是我们得以生存发展的核心动力！全面导入"幼儿园精粹管理"指导体系，吹响了爱爱人向幼教领域最先进、最科学的管理体系进军的号角，重塑办园形象、提升办学品质、打造优质教育品牌是爱爱未来二十年的奋斗目标！

　　松和园是爱爱教育体系中颇具特色的园所，场地自建、环境宽敞、管理者有凝聚力、团队有战斗力！正是基于这些考量，我们把这次既光荣又艰巨的任务交给了松和园。当然，也把享受业界顶级专家手把手指导的成长机会交给了你们。希望松和园拿出当年创建幼儿园时的拼命三郎精神，再一次投入此次的试点工作，为机构下一步全面开展"幼儿园精粹管理"体系做好准备！

　　最后，预祝松和园取得圆满成功！感谢大家的支持，爱爱因你更精彩！

爱爱教育中心董事长　杨文敏

　　接下来，松和幼儿园开始了骨干教师的精粹管理培训。在培训开始前，先请松和幼儿园园长及管理层填写松和幼儿园"精粹管理导向性"培训——园长（管理人员）需求调查表，以了解管理层的领导力和管理倾向性，确定更有利于实施精粹管理的培训内容。在分析松和幼儿园提交的精粹管理需求调查表后，由莲花北幼儿园为松和幼儿园骨干教师开展了一系列针对性的精粹管理培训，包括《解码幼儿园精粹管理》《各部门各岗位精粹管理审核标准及观察点》《各项标签的使用》《各项标识的运用》《精粹管理现场审核录像》《香港五常法幼儿园视频》《香港优质管理五常法》等。同时，在培训时发放培训实战辅导记录纸，帮助教师思考自己需要改进的地方。此外，莲花北幼儿园借助互联网，在"拉拉勾"APP上开设了"幼儿园精粹管理"在线课程，全园教职工可随时打开手机进行在线学习。培训中，松和幼儿园的教职工也来到莲花北幼儿园参观精粹管理教育现场，加深对幼儿园精粹管理的现场感知。

　　（2）塑造精粹现场

　　莲花北幼儿园提供现场技术支持，由精粹管理审核师进入松和幼儿园（如图3-3至图3-4），现场评估松和幼儿园精粹管理水平，并及时填写在审核记录表上。经统计，发现松和幼儿园在教育教学管理、后勤管理和幼儿保健管理方面存在诸多需要改进的问题（如图3-5至图3-10）。

图 3-3 莲花北幼儿园精粹管理
审核师现场讲解

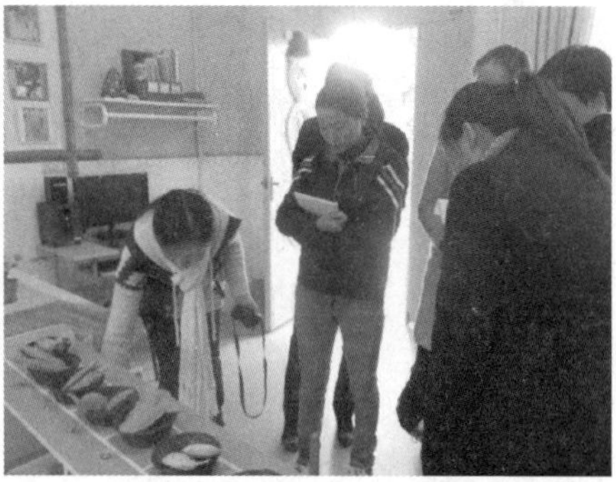

图 3-4 莲花北幼儿园精粹管理
审核师现场审核

图 3-5 破损处安全隐患大

图 3-6 桌脚破损，且锐角未处理，
安全隐患大

图 3-7 冰箱食物没有加保鲜膜

图 3-8 排水道脏且未封口，易招
昆虫，卫生隐患大

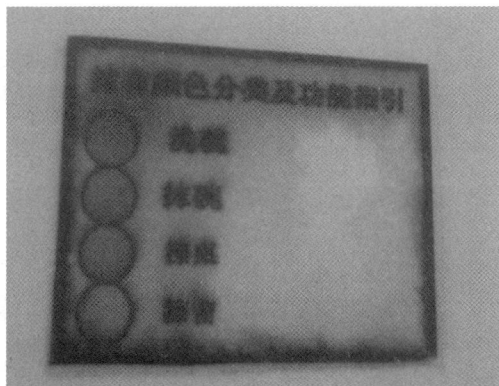

图 3-9　标识不清晰，需更换

图 3-10　摆放杂乱

在全园教职工经过精粹管理初诊后，松和幼儿园全体教职工现场讨论自己所管辖的责任区需要哪些改进、如何改进以及需要何种支持。以教育教学为例，中班组讨论出，自己的年级需要在卫生间、电线、开关灯、空调、物品整理、教室的门等方面改善，其中需要幼儿园支持的包括漏水问题、地板瓷砖脱落问题、储物柜缺少问题、墙体脱落问题等。中班组将这些问题在培训会上讨论，头脑风暴式的补充需解决问题或提供解决问题方法。

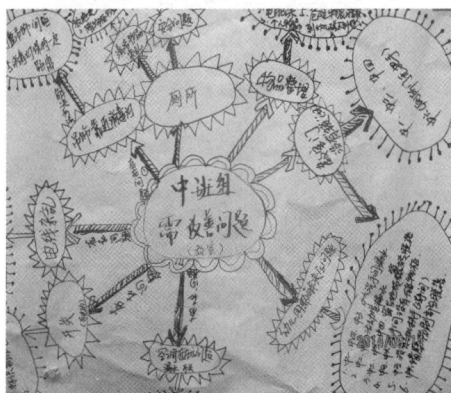

图 3-11　教师自主讨论中班需改善的问题

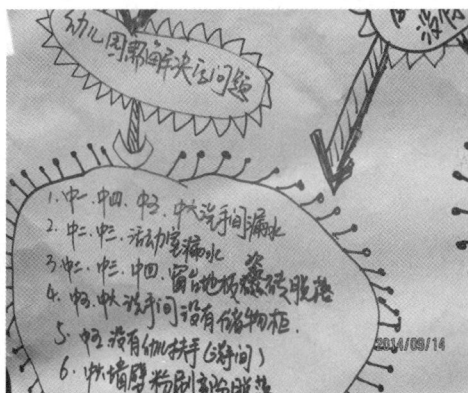

图 3-12　教师提出需要幼儿园提供的支持

依据精粹管理六要素和 22 点标准，松和幼儿园逐步塑造精粹管理现场，前期主要方法包括物品分类、抛掉垃圾、定点定位、定量定性、深度清洁、破损维修。经过为期 4 个月的塑造，松和幼儿园获得良好的效果。

图 3-13　清理仓库

图 3-14　整理体育器材

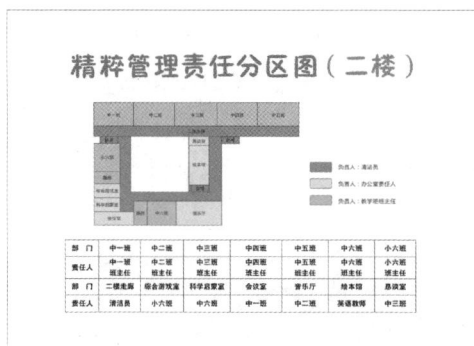

图 3-15　完善平面图

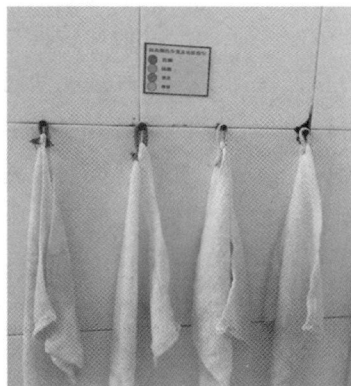

图 3-16　班级卫生间抹布用颜色区分

图 3-17　食物存量说明

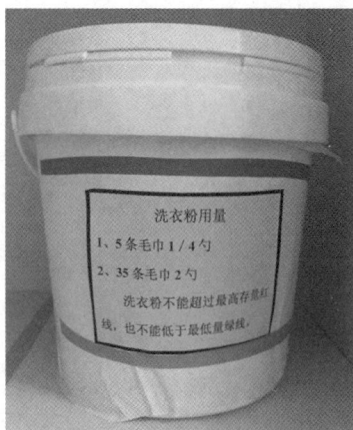

图 3-18　洗衣粉浓度配置

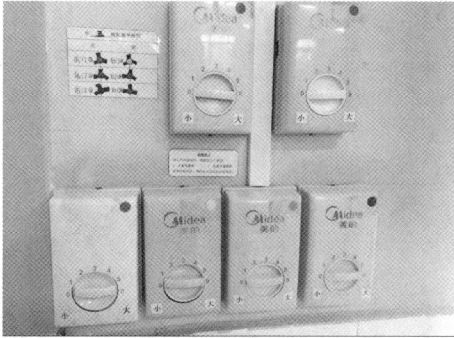

图 3-19　风扇位置、风力大小指引

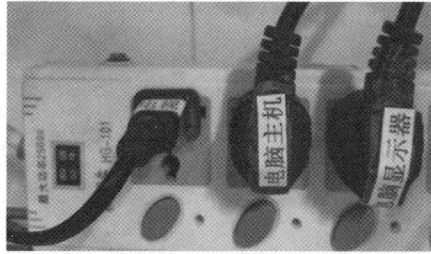

图 3-20　电线整理

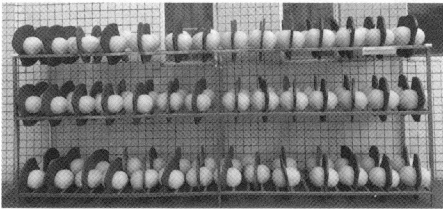

图 3-21　体育器材存放合适容器

图 3-22　小推车标识标签指引

图 3-23　办公文件摆放

图 3-24　钥匙集中存放并说明

图 3-25　食品仓库分类摆放

图 3-26　刀具合理分类

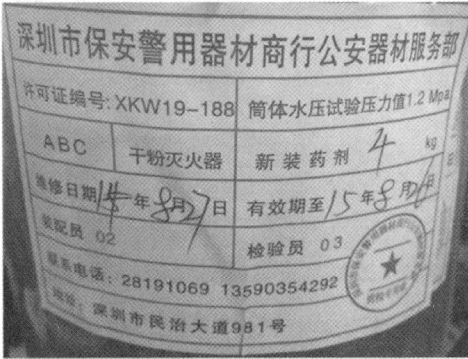

图 3-27　物品、公告标明关键日期

图 3-28　食材先进的货先取用

　　后期实施精粹管理的方法主要包括建立标准图示、制定流程群、标签库，并进行线上分享和邀请专家审核精粹管理现场。松和幼儿园在前期塑造的精粹现场基础上，着力建立精粹标准，尤其是流程和通用的标识标签，包括幼儿午睡意外应急流程、洗碗流程、呕吐物处理流程、毛巾清洗消毒流程、分餐流程、食物留样流程、口杯消毒流程、晨检流程、抬床流程、洗手流程、幼儿不宜触摸标识、P牌和消毒灯开关标识、幼儿禁止入内标识、当心跌落标识等，使得精粹渗透到教职工日常行为与生活中。

图 3-29　幼儿一日活动计划

图 3-30　幼儿一日生活流程

图 3-31　教师下班五件事

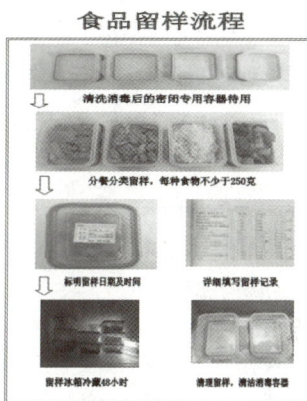

图 3-32　食品留样流程

（3）持续精粹管理

持续精粹管理包括制定标准手册、优化创新精粹现场、设立精粹日和激励机制、审核认证精粹管理、开展课题研究和人才培养，并发挥示范帮扶作用。

以 2015 年松和幼儿园持续精粹管理的年度安排为例：

表 3-4　2015 年 1 月—2015 年 12 月精粹管理年度计划时间表

月份 项目	1	2	3	4	5	6	7	8	9	10	11	12
1 会　议	□□	□	□□	□□	□□	□□	□	□	□□	□□	□□	□□
2 修改手册						◆						◆
3 培　训	○		○	○	○	○		○	○	○	○	○

续表

项目 \ 月份	1	2	3	4	5	6	7	8	9	10	11	12
4 内部审核	△	△	△△	△△	△△	△△	△	△	△△	△△	△△	△△
5 外部审核	▲		▲	▲	▲	▲		▲	▲	▲	▲	▲
6 对外开放						☆						☆

□：精粹管理会议定于每两周召开一次，由委员会进行策划和实施。

◆：根据实际工作情况安排手册修改的时间，保证在当月内完成。

○：具体培训内容及培训时间由教学中心、后勤中心、健康中心进行安排。

△：每周进行一次局部有重点的内部审核，一月进行一次全面审核，具体审核内容由审核组长安排。

▲：每月进行一次外审，具体时间与指导团队协商确定。

☆：每学期进行一次对外开放，具体时间由精粹管理委员会安排。

在具体实施步骤上，松和幼儿园做了一系列工作。包括将精粹管理现场以文本形式呈现，制定了《精粹管理手册》并建立精粹管理博物馆。

图 3-33 精粹管理标准手册

图 3-34 精粹管理博物馆

同时，不断优化、创新精粹管理教育现场。

改善案例列举：

图 3-35 清洁用品标识

图 3-36 维修 P 牌的使用

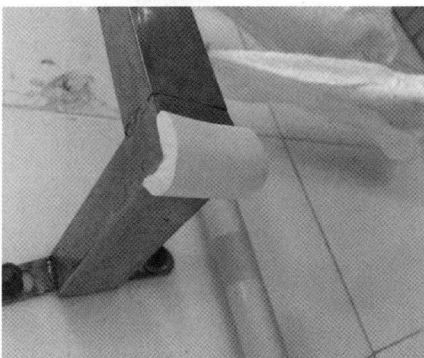

图 3-37 锐角处理

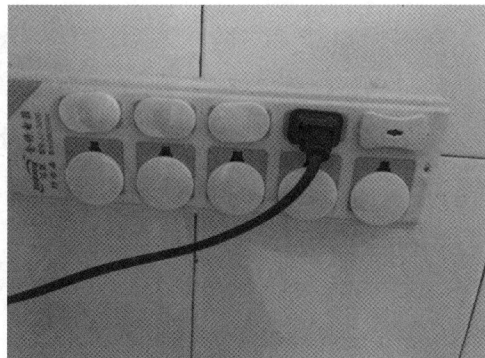

图 3-38 插座的处理

创新案例列举：

图 3-39　美工区剪刀收纳

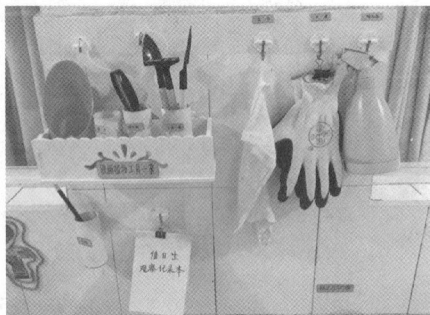

图 3-40　植物护理一套工具

图 3-41　学习区阅读区

图 3-42　建构区材料摆放

图 3-43　美工区材料

图 3-44　呼啦圈放置

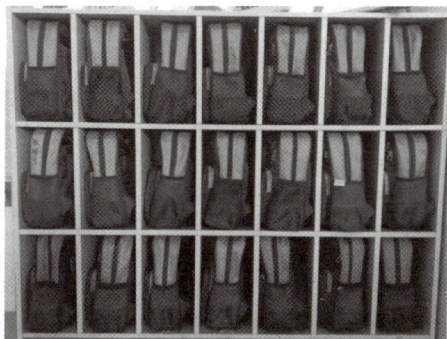

图 3-45　书包摆放整洁大方

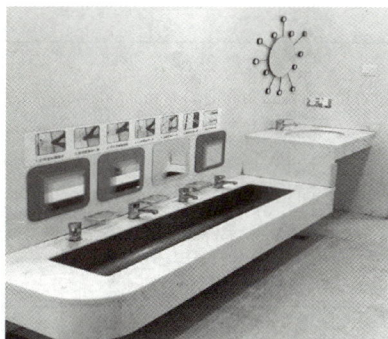

图 3-46　幼儿洗手步骤清晰明了

同时，松和幼儿园规定每周二为精粹管理日，全园需要自查各责任分区。除此之外，还设立了一系列激励机制，包括精粹管理达人奖、整改突出奖、精粹管理创新奖等奖励；请教师为教职工分享精粹管理经验、到示范幼儿园参观学习、在精粹管理线上课程实时分享等精神奖励，以提高教师自身专业尊严感和自我效能感。经过前期实施已取得的较成熟的精粹管理成效，其积极申请精粹管理的认证，并获得精粹管理的认证。

表 3-5　松和幼儿园精粹管理审核单（第×期第×次）

时　间	2015-06-19 上午 8：00—12：00，下午 14：00—16：00
地　点	松和幼儿园
与会人员	松和园精粹管理委员会成员和骨干员工
主要内容	上午 8：00—12：00 一、现场环境审核 1. 必审点 2. 园方希望审核地点 3. 剩余点（初级审核师参与） 4. 亮点申报点（初级审核师参与） 二、第二期小结筹备会 下午 14：00—16：00 一、精粹管理方法培训 1. 分析讲解作业完成情况：精粹22条标准对应图解；常用标识；各项流程等 2.《精粹管理手册》的基本结构和内容要点 二、现场动态审核（流程运用） 1. 保育员分饭流程 2. 厨房留样流程

续表

准备工作	1. 发动各精粹管理责任人自己申报精粹亮点和创新点（可以以班组或个人为单位申报） 2. 园方最希望审核的地点（重点和难点） 3. 上次审核发现的问题点整改前后对照图 4. 幼儿一日生活作息表 （以上四项，在 18 日上午 12 点前，电子版传给导师）
其 他	

经过扎实的精粹管理现场的塑造，松和幼儿园开始精粹管理的课题研究——《精粹管理在幼儿园安全管理中的探索与实践》，并成功申请龙华新区教育科学"十二五"规划课题。

在人才培养和示范帮扶方面，莲花北幼儿园携手培养松和幼儿园精粹管理队伍，发挥松和幼儿园精粹示范帮扶效果。每一次人才培训和示范帮扶均会制定详细的方案，参考如下。

表 3-6　松和幼儿园精粹管理第×期第×次培训/示范帮扶方案

制定人：莲幼导师团队、松和幼儿园　　　　　　　　　　制定时间：2016 年 3 月

导师总责人	刘健导师	松和总责人	张荣园长	督导人	杨文敏
精粹目标	1. 持续推进松和幼儿园推行精粹管理，形成稳定的幼儿园精粹现场和工作习惯； 2. 培养精粹管理审核师 4 名（张荣、苏莹、王敏、刘国霞）； 3. 发挥辐射作用，成为精粹管理基地园，扩大影响，产生效益。				

精粹内容	地 点	完成时间	责任导师	松和责任人
1. 制订方案		3 月 15 日	史勇萍	张荣
2. 全面外审	松和	3 月 25 日	陈文卿	张荣
3. 审核师培训				张荣
学习香港五常法协会专家审核莲花北幼儿园	莲幼	3 月 10 日	陈文卿	张荣
	松和	3 月 25 日		
跟随导师审核松和幼儿园	福田基地园	5 月		
跟随导师审核福田小型私立幼儿园三次		6 月		
独立审核幼儿园一次				
4. 辐射示范接待活动	松和	4 月 7 日上午	刘健	张荣
5. 课题指导及精粹管理手册更新		开题 3 月 16 日 5 月	王赟	苏莹

续表

精粹内容	地　点	完成时间	责任导师	松和责任人
6. 全员线上学习精粹管理并提交作品		3 月 18 日前	史勇萍	苏莹
7. 幼儿一日活动的精粹管理 指导三个年级《一日活动安排表》优化 指导三个年级《一日活动组织》优化		7 月前	杨华	苏莹
8. 专题活动指导			史勇萍	爱爱责任人
中心、业务园长、班主任专题活动专项培训	莲幼	4 月 18、19 日下午		黄品新
莲幼专题活动案例学习与模仿	线上	3～7 月		黄品新
对小中大各一个实验班开展专题活动实施指导	线上松和	6 月底前		黄品新
9. 总结大会		6 月底或 7 月初	刘健	黄品新
10. 培训参考资料 《幼儿园三位一体课程》书			刘健	黄品新

在实施精粹管理过程中，不断涌现出一系列精粹管理达人。我们仅选取 3 位有代表性的教师分享其精粹管理经验，包括爱爱教育中心教育教研部黄品新老师、松和幼儿园园长张荣老师和大班冉青老师，分别从精粹管理推行效果、推行过程和推行心得方面阐释。

双轮驱动，促进内涵式发展

莲花北幼儿园团队从导入培训到跟岗学习，从现场指导到专家审核，从名师讲座到线上指导，每一次有高度、有深度、有温度的分享，都是一种大爱，高端引领驱动着松和的每一位教职员工发自内心想要改变。史勇萍园长不仅仅是我们的精粹管理导师，更像是松和幼儿园的家人，关注着松和的点滴进步。

松和幼儿园的小伙伴们，从认真学、仔细听、努力做，到讲速度、小发明、微创新，内化创新驱动着松和每一位教职员工追求精粹的姿态。松和幼儿园除了持续推行精粹管理，形成稳定的精粹现场和工作习惯，又积极申报龙华新区"十二五"规划课题——《精粹管理在幼儿园安全管理中的探索与实践》，此课题已顺利开题，并得到评委老师的一致好评，幼儿园把安全工作上升到课题立项来研究，将精粹管理的理念、方法用在安全管理上，既有研究价值，又有实践价值。这是内化创新驱动促进着内涵式的发展。

我们欣喜地看到，松和幼儿园在践行精粹管理有了这么大的变化的同时，也影响着我们中心其他 10 所姐妹园，我们中心的乐景幼儿园、花蕾幼儿园在这个学期也参与到精粹管理专题活动线上学习与探索中。我们期待，在莲花北幼儿园的高端引领下，松和幼儿园在课程体系构建上作出更多的尝试；我们期待，在松和幼儿园的内化创新驱动中，老师们继续真操实练，获得专业上的长足发展；我们更加期待，松和幼儿园可以积极搭建交流平台，以点带面，更好地发挥基地园的示范辐射作用。

正如阿拉伯数字"1"，"1"虽然不大，但有了它，后面加上 0，它就成了 10，加两个 0，成了 100，有了"1"的带动，才有了无数的可能。一个人可以走得很快，一群人可以走得很远。衷心祝愿莲花北精粹管理这颗种子，生根发芽，长出树干，到长出松和这根树枝，越来越枝繁叶茂，走出深圳学前教育内涵式发展的一片新天地！

爱爱教育中心教育教研部　黄品新

交流、分享、共赢、进步
——精粹管理进松和　优保优教优质园

我们于 2014 年 8 月 24 日有幸成为莲花北幼儿园的精粹管理基地园。当第一次走进莲花北幼儿园现场观摩时，我们被震撼了：他们的环境安全、有序，他们的孩子自信、大方；他们的老师快乐、从容。我强烈感受到他们的管理细致、专业。我就在想：为什么他们可以做得那么专业，从那时我们有了一个简单的想法，我们也要做精粹管理。

1. 模仿

精粹管理现在回想起来，经历了几个阶段，第一阶段就是模仿。回到幼儿园我们开始进行模仿，第一期我们从安全管理入手，对仓库、厨房、大环境、班级进行了整改，有了很大的变化，初见成效的喜悦感像一粒种子慢慢地发芽了。

2. 探索

经过了最初的模仿后，我们开始了自己的教育实践探索，在这个过程中我们创建精粹管理常用流程(分餐流程、消毒流程、呕吐物处理等)，除此之外我们也出了松和园的第一版精粹管理手册，创建了精粹管理博物馆。也得到了导师的肯定，那份成就感从小豆芽开始成长了。

3. 创新

经过了一年半的模仿和探索之后，我们不再所有的东西都跟在别人后面模仿了，而是开始了我们的创新之路，尤其是在创新后得到了导师的肯定，让我们更加有信心。

4. 心态

在推行精粹管理的过程中，除了幼儿园环境上的变化以外，收获最大的应该是教职员工心态上的转变。从最初的"要我做"到"我要做"。还记得第四次外审的时候，导师走进我们的班级，我们的老师都会自信满满的向我们的导师娓娓道来：自己做了什么，怎么做的，为什么这样做，也由最初的被动检查到现在的主动展示亮点，我们老师在心态上走到了"我要做"，而且要做的更好的层面，随着精粹管理的推进，老师越来越有自信了、心态发生了很大的改变。

经过模仿、探索、创新三个阶段，精粹管理近两年的推行，现在我们的环境更加的安全、丰富、有序，我们的老师、孩子更加的快乐、自信，我们的家长乐于参与其中。今年我们的区级课题《精粹管理在幼儿园安全管理中的探索与实践》也顺利开题。

我们正朝着当初的目标：一年见成效、两年建标准、三年成特色的目标稳步迈进！

松和幼儿园园长　张荣

班级学习环境"精粹管理"

班级环境严格围绕着精粹管理六要素来创设的，首先是数量因素，我班为幼儿创设了语言区、科学区、美工区、角色区、建构区等 5 个以上的区域，在原有的区域上增加了折纸区、剪纸区、水粉区、水墨区、手工区、黏土区、玩沙区、玩水区、拼拼乐区等 15 个区域，接着是学习区一套设备：进区本、学习区计划板、值日生安排表，还有学习区一套工具：名字印章、已完成作品筐、未完成作品筐。个别区域清洁的一套工具：美工区、科学区等区域放置小扫把、小簸箕、抹布、垃圾筐等清洁工具。个别区域一套安全提醒：美工区、科学区等区域的工具上（剪刀、订书机、透明胶座、锤子、镊子等）贴有"小心使用"的标识；装有豆子、珠子等材料上贴有"勿放入口、耳、鼻中"的标识，一份班级公约，一套户外活动去向标识、一个班务栏、一本家长放心本。空调有适合温度指示和开启、关闭的时段。饲养角（植物和小动物）一套工具：放大镜、记录表、浇水壶、剪刀等观察和护理的工具。还有一个晾衣架，方便幼儿存放脱下来的衣物。

二是空间因素，班级有逃生路线图，张贴在幼儿可看到的高度。学习区和学习区材料都有清晰的标识，有温馨的吊饰或者挂饰位于教室上空。有搁架展示幼儿立体作品，书包柜、毛巾架、水杯架、晾衣架等有名有家（名字加序号）建立幼儿的归属感以及培养自我管理意识。整洁的家长园地通告板（有大标题、分区和责任人标签），做到处处有名称、处处有人管。

三是时间因素，幼儿一日生活安排表、一日计划板。值日生轮值表，提升了为自己、为班级、为集体服务意识。

四是质量因素，学习区规则意识：文字配图、学习区规则隐含在环境中，如用脚印、点、笔帽、盒子等规定学习区人数，用灰色即时贴粘贴。书包摆放统一、整齐，书包带不落地。

美工区展示架展示多种艺术形式作品：儿童作品、世界名画、造型艺术、书法等。各学习区有清晰的材料操作示意图或作业单，便于幼儿进行模仿学习和记录。专题墙有序展示专题活动过程。学习区进区计划本：幼儿表征。教室桌上、柜子上、钢琴等处有盆栽植物，绿化班级环境。植物都有标签（包括名字、特性及护理要求、责任人）。

五是因果因素，为幼儿有质量地开展学习和生活活动，提供丰富资源，创设优质、优效的学习环境。

六是必然性，班级学习环境随课程发展、儿童发展、季节等，不断更新变化。

松和幼儿园大班年级长　冉青老师

（二）精粹管理区域推广的案例分享

2016 年，莲花北幼儿园的精粹管理正继续发挥着更大规模的辐射、示范作用。无论是深圳市教育局实施的精粹管理进园行动，或者在福田区行业协会主导下以福田区 36 所小型私立幼儿园为帮扶对象的帮扶项目，我们期待不同区域、不同基础的幼儿园推行精粹管理均能实现精粹管理的目标——让薄弱园管理更规范、让规范园办学上等级、让示范园质量成品牌。

1. 小型私立幼儿园精粹管理帮扶案例

深圳一共有 10 个行政区，福田区是深圳的中心城区，小型私立幼儿园数量众多，而福田区政府一直在探索适合幼儿园尤其是小型私立幼儿园的管理模式，希望有这样一种管理方式能够提升小型私立园的安全系数、卫生状况、办园水平等。而小型私立园由于场地、资金、人员流动性大等现实问题一直找不到有效的管理方式，不能行之有效降低幼儿安全隐患系数、提升园所卫生质量等。

基于两方的共同诉求及他们对莲花北幼儿园精粹管理现场效果的认可，2016年3月，由深圳市福田区学前教育机构行业协会牵头，莲花北幼儿园承接的"小型私立幼儿园帮扶计划之幼儿园精粹管理"项目正式启动。此次活动旨在通过启动导入培训、专题讲座、现场指导、主题沙龙、亮点评优等形式提高小型私立园的办园质量和发展水平，帮助幼儿园建立自我发展、自我完善的一个智能系统，从而走向未来的可持续发展。

福田区 36 所小型私立幼儿园精粹管理培训方案

（一）项目时间

2016 年 2 月至 7 月

（二）目标任务

1. 完成目标一：激发内驱力

通过第一阶段的系列学习活动，感受深圳高质量幼教示范园的办园质量和水平，以及政府和协会对民办幼儿园的关爱，充分肯定民办园的社会作用和价值，激发广大从业人员的热情，最大限度地唤起内在驱动力。

2. 完成目标二：培养执行力

通过项目团队设计的各类活动，实实在在帮助民办园发现自身的不足，以及找到"跳起来摘到果子"的努力方向和改善节点，用高效落地的方法脚踏实地地完成既定目标。

3. 完成目标三：提升学习力

在注重示范引领以及操作的同时，更关注在过程中培养民办园的学习力，从模仿开始，到举一反三，树立"原来我也可以做到"的信心，最终实现从"帮扶"到"自立"的改变。

（三）阶段重点

1. 第一阶段：筹备调研（2016 年 2 月）

（1）成立项目小组执行团队，分为指导师团（重点负责专业课程板块）、管理师团（重点负责运作策划板块）和监理师团（重点负责协调监管板块），确定负责人

（2）由负责人牵头组建小组成员，制订本板块计划和方案，并进行可行性讨论，再落实到人

（3）对 36 所民办园进行基本情况了解，并根据初始调研分析，做好分组分

类，为项目实施做好充分准备

2. 第二阶段：启动导入（2016 年 3 月）

（1）召开启动仪式，园所举办者签订承诺书，确定"1＋5"试点园名额（即确定一家为基地园，进行全面改善，辐射带动其余 5 家）

（2）进行导入式培训，初步了解精粹管理意义以及作用价值，明确在今后的课程中应该如何做才能达到好的效果

（3）参观莲花北幼儿园，实地感受精粹管理在园所中的体现

（4）进入试点基地园进行全面诊断，其余 5 家现场观摩

3. 第三阶段：全面塑造（2016 年 4 月至 5 月）

（1）举办投资者（含园长）专题沙龙，通过现场观摩，跟精粹管理联盟园座谈，分享成功经验，找到本园改善的亮点

（2）举办两场民办园家长讲座，传递政府关爱信息，了解精粹管理在家园共育中作用，学习科学育儿理论和方法

（3）"1＋5"试点园进行全面入园指导，其余园所通过"网络空中办公室"系统进行"亮点"同步打造

（4）重点指导基地园的空间改善，为开放观摩做准备

4. 第四阶段：总结分享（2016 年 6 月至 7 月）

（1）基地园经过内审后，向全体民办园进行开放，展示改善成果

（2）"1＋5 试点园"进行总结分享，其余园进行"亮点"评估

（3）召开总结大会，颁奖

（4）项目小组进行阶段总结，制作电子版活动回顾，为政府下一步计划提供可行性参考意见

2. 基地园实施效果

经过第一期精粹管理帮扶活动的实施，基地园效果显著。在此以福田区华茂苑幼儿园和福田区金安幼儿园为例。

（1）华茂苑幼儿园的实施效果

图 3-47　实施前后的大门

图 3-48　实施前后的保安亭

图 3-49　实施前后的班级书包柜

图 3-50　班级学习区材料柜

图 3-51　班级种植区

（2）华茂苑精粹管理创新效果

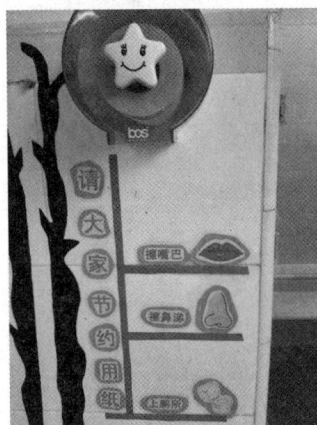

图 3-52　生活提示牌

图 3-53　饭后四件事

图 3-54　制度创新之积分机制

图 3-55　制度创新之预算与时间管理表

（3）金安幼儿园精粹管理实施效果

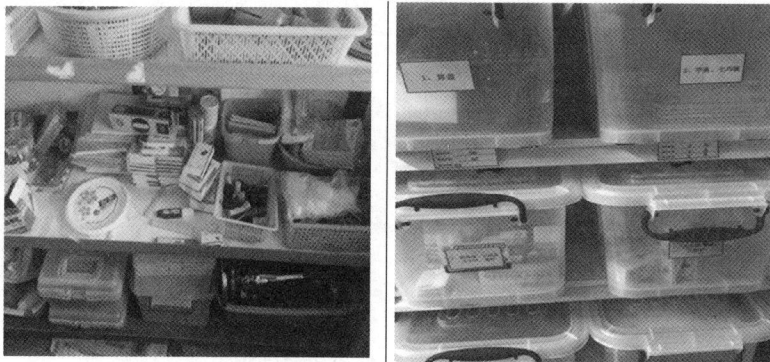

图 3-56　实施前后的仓库

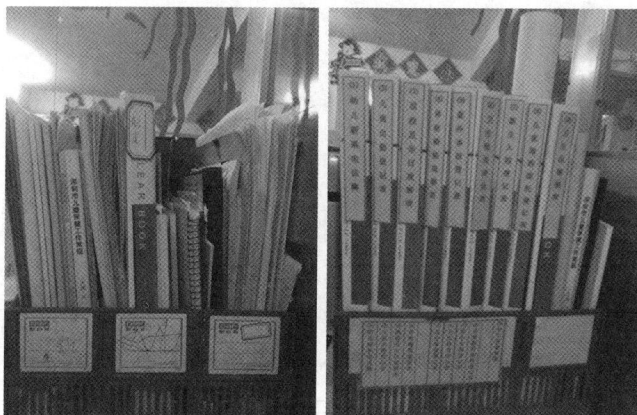

图 3-57　实施前后的文件管理

图 3-58　实施前后的卫生间工具摆放

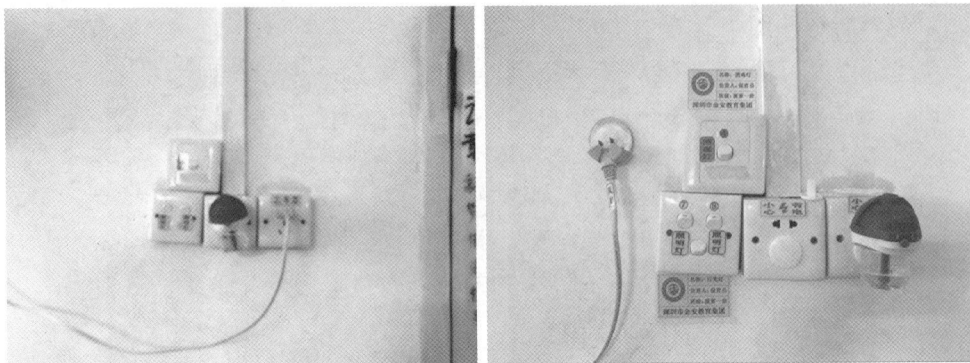

图 3-59 实施前后的班级用电指引

图 3-60 安全、简约、优雅的班级环境

（4）金安幼儿园精粹管理创新效果

图 3-61 PVC 管妙用

图 3-62　KT 板妙用

3. 基地园实施感悟

现以华茂苑幼儿园李燕华园长和福田区金安幼儿园李胜云园长在"36 所幼儿园精粹管理实施总结会"上的分享为例，感受精粹管理实施给幼儿园带来的效果。

精粹管理促提升　内涵发展铸品质

下午好！我是福田区华茂苑幼儿园的李燕华，今天非常荣幸能和大家一起分享我们华茂苑幼儿园本学期实行精粹管理的一些经验。

首先简单地向大家介绍我们幼儿园。我园创办于 2001 年 8 月，位于深圳市福田区梅林三村，目前开设 12 个班，近 390 名幼儿，教职工 48 人。踏上精粹管理之路，起源于我们到莲花北幼儿园的观摩。在观摩过程中，我们发现莲幼的精粹管理无处不彰显着"事事有人管，时时有人管，处处有人管，人人用心管"的价值。我们突然醒悟到，精粹管理不正是我们多年来探索幼儿园管理的指路明灯吗？所以我们非常渴望能引进到园里。切合着行业协会精粹管理项目的契机，我们决定一定要争取做基地园。一来为我们园所的可持续发展谋出路，二来也希望带动更多姐妹园参与精粹管理，并从中获益。正因为知道我们还有很多不足，所以我们不逃避问题，华茂苑人有敢于接受检验和变革的开阔胸怀。

3 月 17 日，第一次向我们区 36 所小型私立园完全无死角、无隐藏地开放，让莲幼的专家和姐妹园帮我们找问题。在第一次诊断里，我们非常震惊地发现原来我们每天再熟悉不过的工作环境存在着众多安全隐患和卫生问题。当看到诊断图片时，我们感到非常震撼，若不是通过第三方眼睛，我们还没察觉到存在这么严重的问题。在第一次现场诊断里，我们发现的问题达 80 多条。问题虽多，但我们相信方法总是比困难多，而且这些问题也是刻不容缓、需要马上整改的。于是我们决定全力以赴，苦干巧干，大力改善。

我们马上召开精粹管理启动大会，全员签订承诺书，从思想上武装精粹管理意识。积极学习精粹管理六要素，全园教职工都注册拉拉勾软件，实现线上学习，线下加强交流。为此我们还专门成立推行机构，每人都有对应的职责，层层管理，落实到人，以保障推行精粹管理在园里的实行进度。并且我们划分好精粹管理责任区，做到处处有人管，职责分明。接下来我们全园围绕整改的问题全力以赴，以求做到完善。仓库是我带头整理的，我认为只有园长带头做，教职工才会在你的影响下，同心协力朝一个方向走。

我们3月17日第一次开放，在不到一个月时间里，我们的工作得到全体教职工的支持。80多条问题改善率超过90%，通过图片对比我们发现自己所处的环境变化惊人。如幼儿园门口的小区垃圾桶已清理干净、保安亭钢叉已固定摆放好、重新置换幼儿园棚顶、通道旁重新焊接并加装隐形防护栏、根据文件分类整理物品、用PVC管做双层书架、厨房用具有名有家、集中存放……

自从做了精粹管理后，我们园舍变得干净、整洁。整体环境简约实用、环保安全，教室里通风明亮，物品摆放易取、易放、易管理。而且受益到孩子身上的是让孩子养成良好的行为习惯。精粹管理带来的变化，老师深有体会——工作比以前轻松了，带班没有那么累了，工作效率和质量也提高了。我们的变化连家长都感受到，也为我们的精粹成效点赞。大家在整改过程中，不断萌发出很多创意和想法，例如用提示牌提醒幼儿擦嘴巴、擦鼻涕和上厕所；用小勾圈提起下水道的不锈钢板，省时省力。精粹管理为我们带来很多亮点，就不一一展示了。

在精粹管理实行过程中，我们也慢慢总结了一套适合我们的推行方式，如制定相应的考核机制，助力推行精粹管理。经过精粹管理的实施，我们发现精粹管理真的不难，只要做了就会有成效。因为精粹管理不仅是一张张标签，它最终体现的是一种习惯，内化的是一种素养，形成的是一种文化。在此我非常感谢福田区行业协会、班主任刘健老师、莲花北幼儿园的精粹管理专业团队以及姐妹园对我们的帮助。最后让我们一起共勉，我们不做精粹的过客，只做精粹的追随者……

福田区华茂苑幼儿园　李燕华园长

螺蛳壳里有"道场"

大家下午好！很荣幸今天能够站在这里跟大家分享我们的精粹之路，我跟大家分享的主题是螺蛳壳里的"道场"。我们小型私立园就像这个螺蛳壳一样的不起眼，重点是要看里面的道场如何。

首先跟大家介绍的是我们的"螺蛳壳"只有不到 1000 平方米，创建于 1999年，是金安教育集团旗下最小的一所小型私立园，现在是规范园也是普惠园。规模是 7 个班 200 多名幼儿。

作为园长我一直特别迷茫。所谓迷茫是指小型私立园的困惑和艰难。我在本园工作十多年，但对于幼儿园的现状一直很担忧，我们存在布局不均、资源浪费、师资薄弱、工作量大、保教无序、管理欠缺、后劲不足、投入不足等诸多问题，所以我们一直想寻求一种适合自己和幼儿园的管理模式，期望孩子能得到真正的发展。3 月 4 日小型私立园帮扶计划启动，让我看到了迷茫之中的曙光，所谓精粹管理不正是我要找的方向吗？3 月 11 日，在福田区行业协会的组织下我们开始参观学习，第一次参观莲花北幼儿园，有序的环境、孩子们脸上幸福的笑脸，老师们自信的笑容，无一不让我羡慕。我心里暗暗下定决心，一定要做好精粹。史园长的一句话"让小型园有底气、让小型园更闪亮"让我信心加倍、更有动力。回来后我们开始针对本园的实际情况，汇报董事，因为我们的这股干劲儿得到领导的支持，不光是投入资金改善环境，还有奖金机制。我们教职工们第一次的宣誓和承诺，不仅仅是口头，各部门纷纷开始行动、责任到人。精粹管理审核专家陈文卿园长耐心仔细的指导给了我们很多帮助。

通过两个多月的努力，我们幼儿园的精粹管理效果非常显著，可谓发生了翻天覆地的变化，包括教职工观念和工作习惯的改变、精粹环境对幼儿行为习惯和规则意识的培养，我们还对本组幼儿园进行了开放和示范。当然，我也收获了一支强有力的团队，她们团结一心，齐心协力，干劲儿十足。我很幸运我可以拥有这样一群小伙伴。鲁迅先生说：其实地上并没有路，走的人多了，也便成了路。我想说：其实地上有很多路，找到属于自己的那条路，坚持走下来，一定会越走越宽广。精粹的道路我们会走得更远……今天它不是一个结束而是新的起点，深圳市精粹管理进园行动已经开始。

亲爱的幼教同仁们，就让我们带着自己的收获与体验，并将这种收获与体验转化为动力和目标，继续向前迈进；让我们心怀感激，永远珍惜这个来之不易的平台，永远弘扬"百千万"工程不断探索的创新精神，永远高歌我们实现教育梦想的主旋律……

金安幼儿园　李胜云园长

映象精粹，别样红

—— 写在"幼儿园精粹管理"命名两周年之际

两年前的春天，我正在紧锣密鼓地筹备即将在深圳市莲花北幼儿园举办的幼教管理研讨会，一天晚上，我接到了史勇萍园长的电话，平静的语气里透着少许激动："经过跟团队成员反复论证并最终敲定，我们莲幼的管理系统正式命名为'精粹管理'。"我查看了当天的工作日记，那是 2014 年 4 月 2 日。三周后，第一期"幼儿园精粹管理研讨会"如期召开，反响强烈，好评如潮……

——题记

一、不得不说的故事

2004 年，我从事幼教工作整整 16 年，在当了 7 年一线教师和 9 年职业园长后，职业倦怠轰然袭来，那些理不清的日常琐事，扛不完的精神压力让我喘不过气来，最终我决定离开这个行业一段时间。于是我带着幼教人的 DNA 走进了职场外的大千世界，也就在这个阶段，我第一次知道"五常法""六西格玛""精粹管理"以及"标准化流程"这些名词，并对它们产生了浓厚的兴趣，我从其他行业的视角重新审视我曾奉献过青春的幼教事业，直觉告诉我，这应该是幼教人需要的东西。

果然，幼教领域掀起了一场轰轰烈烈的学习与变革，各种门类流派蜂拥而至，清扫、整理、贴标签、归置物品这些行动背后，"5S""6S"甚至"12S"等各种名称也花样迭出，而我见过的大多数人都无法准确表达它的内涵，更多的只是留下存有点滴痕迹的现场，告诉我这里曾有过的变化，而不知所云。

我有些失望，这应该不是我们想要的结果，那些生长在其他行业的成熟经验，未经幼教土壤的沉淀打磨，照搬过来看来还是有些水土不服。可到底要怎么做？当时的我还真没细思量。

二、牵手莲幼初印象

2007 年，我创建了一个幼教课程资源推广中心，开始用崭新的身份重新进入幼儿园领域。在家长们的大力推动下，我第一次走进莲花北幼儿园，开始了跟他们将近三年的课程合作。也就是在这个时候，让我有机会近距离看到另一群幼教人的工作生活状态。

今天回想起来，当时的莲幼确实给我留下了很深的印象：园所朴实雅致，教工热情有礼，孩子聪明好学。我在这里惊喜地发现了"五常法"的痕迹，除了现场空间可以看到的整洁有序，还多了一样别处没有的东西：每个细节都符合幼儿园的教育需求，体现儿童为本的教育价值观。也就是从那时起，我始终跟莲幼史勇萍园长和她的团队老师保持良好的互动，并关注他们的课程研究动向，虽然那时候并不知道他们可以鼓捣出什么来。

三、厚积薄发初亮剑

时间到了 2013 年年底，在一次跟史园长的交流中得知，他们的研究取得阶段性成果，希望召开一次研讨活动，跟同行们分享并检验团队的配合度。基于对我们之前合作的信任，她希望我可以作为团队的一员加入进来共同完成这个任务。我欣然接受了，在那段时间里，我真正感受到了一个优秀团队的工作效率和工作智慧，从方案构想、研讨模式、流程设计到细节呈现，每个人都才思泉涌，创意无限，而史园长在这个过程中展现的理性思考和缜密逻辑，是我在一般幼教人身上很少看见的。

我记得当时的会议通知别致地设计成"一封来自春天的邀请信"，大胆地运用红配绿的字体颜色，并要求教师们的着装体现红配绿元素，大胆挑战搭配禁区，而学习期间"最美春姑娘"的评选也成为这次活动的一个彩蛋。整个研讨活动定位成"做中学"，看一线行家里手如何治学、修身、办幼教，莲幼研发团队的核心成员悉数亮相，全面解读在哲学思考下，利用六要素理论建构起来的"幼儿园精粹管理"体系，既有学理的高度，又有实践的价值，更有即时的成效。研讨班的教师们沸腾了！而我也首次有了一个新身份——"精粹管理项目班主任"，开始在项目管理和运营上进行实践和探索。正是在这一次，"幼儿园精粹管理"得以正式命名，逐渐走进公众视野。

四、精粹松和初闪亮

热腾腾的研讨活动中，我们结识了一位特殊的同行——深圳爱爱教育中心创始人杨文敏董事长。2014 年刚好是她的机构创办 20 周年，她十分认同精粹管理理念，希望选择他们 11 所幼儿园中的其中一家作为精粹管理试点园，期待精粹管理体系能成为中心跨越 20 周年向前发展的新动力。

这是一次极具挑战的尝试。没有了莲幼的氛围土壤，没有了公办园的坚强后盾，在办园条件一般的深圳民办普惠园，"精粹管理"行得通吗？况且还有很多客观因素，莲幼本身的工作任务那么多，现在要去指导尚属探索阶段的试点园，员工能理解吗？经过多次沟通，2014 年 8 月 24 日，"精粹管理"走出本部莲幼，落户爱爱教育中心松和幼儿园。为不加重员工负担，第一阶段的专业工作基本由史勇萍园长利用休息时间全面担纲，而我则承担品牌定位、方案策划以及协调管理的任务。于是，我们有了很多个早出晚归的周末，有了很多次的深夜探讨，并迎来满满邮件的早晨。我们定义了精粹管理"让每所园都闪亮"的使命，夯实了"精美是映象，精心是态度，精细是过程，精品是成绩"的内容，以及"让员工精彩，让家长成长、让孩子绽放"的三位一体实施方案。

而随着第二阶段莲幼其他成员的加入，我们更多地探索立体式深入学习的模式，从第一阶段环境空间改善的聚焦"物"的层面，全面进入带动教师成长，引领家长参与的关注"人"的发展，以及第三阶段进入课程的全面实施，这所有的一切都是为了实现给孩子们提供最适宜的教育环境这个美好的目标。

精粹管理在松和幼儿园实施不到两年的时间里，我们欣喜地看到幼儿园发生的变化，从看得见的环境、流程、师幼互动到根植于内心的秩序、准则和思维方式，松和幼儿园的办学品质有了很大的跨越！而孩子们身上流露出来的自信自主，教职工脸上的从容微笑，这不正是"我最闪亮"的最好注解吗？在精粹管理尚名不见经传的两年前，松和幼儿园就能先行先试并成果斐然，我深深地为杨文敏董事长的远见卓识所折服，在她身上真正体现了一个办学者的格局和情怀，更彰显出知行合一的力量！

五、任重道远再出发

机会总是留给有准备的人的。随着莲幼课程的不断深入研究，"精粹管理"作为国家级课题立项，它的名声也越来越大，不断有全国各地的同行慕名前来学习，更引起教育行政主管部门的关注。仅仅 2016 年前 5 个月的时间，我们就接到了北京、天津、贵州、广东、湖北等省市同行的各种请求，希望精粹管理落户当地。而 3 月初启动的深圳福田区行业协会的"36 所小型私立幼儿园帮扶计划"，更为我们在区域范围内推广精粹管理提供了宝贵的实战经验。2016 年 4 月，深圳市教育局正式将精粹管理进园行动列为我市提升学前教育质量的一项重要行动，意味着这个当年在莲幼默默耕耘的研究成果终将在整个行业掀起学习浪潮。

当 2016 年 5 月 19 日，来自全市 300 多家幼儿园的代表坐在市民中心的礼堂，见证莲幼三位园长上台接受深圳市教育局第一块"学前教育品牌园"的授牌时，我抑制不住内心的感动。作为一名参与莲幼团队"精粹管理"体系从初创到成熟全过程的深圳幼教人，透过这一刻的荣誉和掌声，我分明看到的是背后那不为人知的汗水和辛劳，还有智慧与理性的光芒闪耀。"一切为了孩子数十载初心不变，执着精粹研究十年终磨一剑！"这不单单是莲幼人的成绩，更是深圳幼教人的责任与荣光，它清晰地向我们传达了一个信息：深圳幼教开始全力打造"深圳品牌"，中国幼教期待"深圳创新"！

　　作为史勇萍园长的同龄人，我们有相同的教育背景，也有既平行又相交的职业轨迹，我常常会问自己：为什么是她做到了？我想，这或许跟她是上海人有关，天生精致，做精粹管理有基因。可我还是说服不了自己，因为她身上表现出来的专注执着、智慧理性、才思敏捷都不是狭隘的地域偏见可以诠释的。

　　可以确定的是，这位 1987 年来深圳开始幼教生涯的上海姑娘，是地地道道的"深圳制造"，她是深圳本土成长起来的幼教人，带着深圳人独有的"敢为人先"的气质，专注、坚定地在学前教育领域开辟出一条新路，不忘初心，奋勇前行。

　　而我，又何尝不是在跟优秀的幼教人一起前行的过程中，学到了精进严谨的治学精神、大道至简的生活态度、简约精致的审美情趣，从而克服了对这个职业的恐惧，重又点燃幼教梦的激情？这，或许是精粹管理带给我的意外惊喜吧！

精粹管理项目运营负责人　刘健

第四章　精粹管理在家庭教育中的运用

家庭教育中的精粹管理是将 22 条标准运用到幼儿家庭生活中，通过父母和幼儿共同营造安全、卫生、品质的家庭环境的一种管理方法和教育手段，将精粹管理引入家庭教育中，可有效发挥家庭教育的价值性和功能性。

一、精粹管理在家庭教育中的运用价值

(一) 培养幼儿的独立性

著名的幼儿教育家蒙台梭利曾说过："教育首先要引导幼儿沿着独立的道路前进。"《幼儿园教育指导纲要(试行)》也明确指出："要尊重和满足他们不断增长的独立要求，避免过度保护和包办代替，鼓励并指导幼儿自立、自理的尝试。"同时，根据埃里克森的心理发展阶段理论，3～6 岁幼儿面临的关键任务正是自主性和独立性的发展。精粹管理通过创设有序的规则、目视管理、视觉检查、标识指引、定量定性等能帮助幼儿养成良好的生活习惯和生活能力，培养幼儿自我服务和服务他人的独立性。

(二) 培养幼儿的自律感

美国幼儿发展心理学家科尔伯格的道德发展阶段理论指出幼儿的道德发展包括三个水平，即前道德水平(他律)——个体遵从社会的习俗(纪律)——以个人的、自我接受的道德原则为基础的最高水平(自律)。处于前道德水平的幼儿会依据享乐的结果(惩罚、奖赏、交换赞同)遵循社会的是非规则，并且鉴于强加规则的权威来遵循规则；处于社会习俗水平的幼儿会遵从家人、群体或国家的期望；处于最高水平的个体会确定普遍的、有效的道德价值观[①]。幼儿在良好的家庭教育下，经过精粹管理创造的规则环境，能从依从成人所说的规则到自主管理自己的生活，由他律进入纪律，最终进入自律，内化道德标准，包括自我控制，节制

---

① ［美］R. 默里·托马斯. 郭本禹、王云强译. 幼儿发展理论；比较的视角. 上海教育出版社，2009.(12)，324.

自己的物欲；自主自觉，主动完成自己的事情；自我管理，管理时间、物质、承担责任等。

（三）实现家庭教育的功能

精粹管理是幼儿自身管理的技术，更是家庭中有效的教育方法。精粹管理更多是通过环境创设与教育，实现幼儿健康、聪明、德行三位一体的发展。如精粹管理通过有序的环境提高幼儿生活习惯与生活能力；通过标识标签、目视管理等提高幼儿观察能力、数量知识、预设与验证等方面发展；通过规则的环境，幼儿能实现自己的事情自己做，家人的事情帮着做，直至家庭的事情一起做的美好德行。

二、精粹管理在家庭教育中的实践案例

精粹管理 22 条标准根据幼儿的年龄和生活特点归纳总结出来，具有很强的操作性，其操作方法是借助家长的指导和幼儿的实施，培养幼儿成为身心健康会做事、德行美好会做人、聪敏明理会思考的幼儿，为幼儿独立、自律等提供基础和可能性。

（一）亲子精粹活动的五大原则

亲子精粹活动的五大原则分别是单一是最好、第一次做好、简洁就是美、目视管理和现场管理。

(1)单一是最好：幼儿心理学家研究表明，杂乱的环境使幼儿无所适从、无从入手。"单一"既符合幼儿心理，又能建立"够用即可"的低碳生活态度。

(2)第一次做好：符合幼儿"先入为主"的思维模式，第一次做好，次次都能做好。

(3)简洁就是美：真正的文明，心理上是一种洁净感。将简洁美内化成美感，成为幼儿的独特气质。

(4)目视管理：通过颜色区别、线条划分等方式，让幼儿看得懂、做得到，容易获得成功。

(5)现场管理：将幼儿的良好行为培养渗透在真实的生活情景中，既具体又形象，摆脱了空洞说教，是日积月累的养成教育。

（二）亲子精粹活动妙用

莲花北幼儿园近十年的精粹管理探索历程与家园协同工作是同步进行、息息相关的。在这近十年之中，幼儿家庭也深受精粹管理的熏陶和感染，家长也感受

到幼儿在精粹管理之中的成长。许多家庭在家园协同契机下，开展了不同程度的亲子精粹活动，积累了丰富的家庭精粹管理经验。

1. 数量要素的妙用

数量要素是对幼儿物品(包括玩具、文具、图书、衣服等)进行观察和分类的过程。首先，家长和幼儿一起界定必需品和非必需品，然后将必需品的数量降到最低，最后找一个最方便、最合适的地方存放。

表4-1　物品分类和存放

存量	必需的程度	存放的方法
高	每小时都要使用的物品	随身携带
	每日都要使用的物品	把它放在使用现场的附近
中	1～6个月，使用过的物品	把它保存在柜子的中间部分
低	7～12个月，使用过的物品	把它保存在较远或较高的地方
	一年都没有使用过的物品	抛掉或回仓

(1)实行方法

建议幼儿在家中拥有一个玩具柜、一个鞋架(或占用家庭鞋架一层)、一套文具(里面有一盒水彩笔、一盒蜡笔、一只胶棒、一个透明胶座、一把幼儿剪刀等)、一个书架(或占用家庭书架其中一层等)。父母可以让幼儿自己筛选哪些玩具是需要的，哪些是不需要的。家长和幼儿一起商量需要拥有的物品数量，从小学会取舍，将不需要的物品转赠给别人。

(2)教育价值

①培养幼儿多种能力，幼儿更智慧：在整理过程中可以发展幼儿的观察能力、思维能力，如将物品匹配、分类、数数，比较大小多少、认识各种材质等。

②调节幼儿的物质欲望，从小树立"够用即可"价值观。

2. 空间要素的妙用

按照物品的重要性定出存储位置和数量，给物品定名、定性、定量、定家、定位。

(1)实行方法

①物品有名(标签)有家(存放位置)：请幼儿为物品起名字，家长协助把名字写在标签上(也可用实物图片或照片代替，让低龄幼儿看得懂)，给物品找个合适的家(存放位置)并标识清楚，便于幼儿准确取放。

②物品用适当的容器存放，让幼儿一目了然，能在 60 秒内找到。如小粒玩具文具、幼儿的发卡、头花等用透明胶盒存放，图书放在方便幼儿取放的书架上，袜子放在收纳盒中，衣服挂在衣柜里，内衣放在抽屉里等。

（2）教育价值

①学会管理自己的生活物品；

②培养幼儿初步的责任感：物品用完放回原处；

③帮助幼儿养成良好的收纳习惯，避免家长反复催促幼儿收拾物品。

3. 时间要素的妙用

幼儿要保持个人清洁，同时也有责任让周边环境保持清洁。树立"我不会使东西变脏"、"我会马上清理东西"的观念。

（1）实行方法

①父母可将镜子挂在适合幼儿的高度上，便于他们每天检查自己的面部、手部是否清洁，衣服、鞋袜是否整齐；

②父母安排幼儿分担力所能及的家务，如：餐前摆放餐具，餐后收拾餐具及桌椅，定时收拾书桌等；

③为幼儿制定一个清洁责任区，挂上他（她）的照片和清洁要求。定期和幼儿一起检查清洁，并给予表扬。

（2）教育价值

①养成良好的卫生习惯，身体健康更快乐；

②个人仪表和环境干干净净，让幼儿更自信。

4. 质量要素的妙用

父母与幼儿讨论制定规范化的生活环境标准，如危险标识、家庭礼仪规范等。减少安全隐患，营造和谐家庭氛围。

（1）实行方法

①父母和幼儿共同制作禁止标志或是向幼儿解释社会通用禁止标志，在家中危险品和危险地方贴上"禁止幼儿触摸"、在书房内贴上"轻声说话"等图文并茂的标识；

②父母和幼儿一起制作门锁挂牌，如"我在玩耍""我去洗手间了"等，向幼儿解释门锁挂牌的含义，指导幼儿挂上门锁挂牌，告诉他人"我在做什么"；

③父母和幼儿一起熟悉家庭及小区安全逃生路线和出口，认识各类标识等。

（2）教育价值

①知道家庭规范是健康快乐生活的保障；

②能遵守家庭规范，今后将此经验迁移到社会生活中，成为受欢迎的人；

③建立幼儿自信心，乐意与人沟通，能自己或父母合作制定生活标准；

④遇到事情知道如何解决和寻求帮助。

5. 因果性和必然性要素的妙用

持续地执行上述四要素，从他律到自律，并能创新亲子精粹活动。

（1）实行方法

①父母与幼儿一起讨论每天要做的事情，制定一周要做的"工作清单"，幼儿可每天观看工作清单，学习"今天的事今天做"。如"睡前精粹"：睡觉前检查收拾物品、准备明天要用的物品、和家长说晚安、父母和幼儿一起调校闹钟，让幼儿学习自行起床等；

②父母利用图片向幼儿简单介绍精粹管理，鼓励幼儿在日常生活中实行精粹管理，如当幼儿做到"时间要素"时，可以得到一个奖励贴纸，所获贴纸达到一定数量时可以实现幼儿一个愿望。

（2）教育价值

①培养幼儿的时间观念，懂得每天自我管理生活；

②从讲文明、有礼貌开始，最终成为有气质、有素养的幼儿。

（三）亲子精粹活动实践案例

亲子精粹活动是将精粹管理的 22 条标准，根据幼儿年龄和生活特点归纳总结出来的活动，具有很强的操作性。家庭教育中的精粹活动的目标在于促进幼儿的独立性、自律性，发挥家庭教育的功能，这就决定了亲子精粹活动的实施主体是幼儿和家长。同时，由于家庭和幼儿园在环境、人数、空间等因素上均有很大差异，此章节不再详细对照 22 条标准点一一列举活动，而是综合运用精粹管理的标准，共列举 28 个活动。

活动 1　单一是最好

设计说明

一套文具，包括一盒水彩笔、一支胶棒、一支黑色笔、一把幼儿剪刀、一个幼儿名字章、一盒彩泥。

设计目标

（1）调节幼儿的物质欲望，从小树立"够用即可"价值观；

(2)培养幼儿多种能力，包括自我整理、物品匹配、比较多少与大小、认识各种材质等。

设计建议

除了单一的文具，还可以有单一的玩具柜、鞋架、书架等。父母可让幼儿自己筛选哪些玩具是需要的，哪些是不需要的。家长和幼儿一起商量需要拥有物品的数量，从小学会取舍，将不需要的转赠给别人。

活动 2　我长高了

图 4-1　幼儿身高墙

设计说明

在家庭中设置身高墙，并定期测量身高。

设计目标

(1)幼儿自主测量身高，感知成长，体验时间的变化；

(2)体验数学在实际生活中的运用，感知数学的有趣。

设计建议

幼儿每次测量身高后，可做简单的记号，感知不同时间身高的变化，和随着时间身高发生的变化。

活动 3　我会垃圾分类

设计说明

在家里设置瓶罐回收箱、废纸回收箱和垃圾回收箱，每个箱子上均有对应的图片或汉字标识说明。

设计目标

(1)引导幼儿将家中垃圾合理分类，节约资源；

(2)引导幼儿认识垃圾分类的图片和汉字。

设计建议

家长可随机渗透垃圾分类的常识，如标识、垃圾的种类、生活中常见的垃圾属于哪一类等。

活动 4　好玩的瓶子和瓶盖

设计说明

将妈妈用完的化妆瓶(将化妆瓶洗净、晾干，保证安全)作为玩具。

设计目标

(1)幼儿玩拧瓶盖的游戏，锻炼幼儿手部精细动作的发展；

(2)幼儿学会瓶身与瓶盖的分类、配对，感知瓶身与瓶盖的大小、颜色等。

设计建议

家里的许多物品都可以循环利用，改造成幼儿的玩具。如喝完的矿泉水瓶盖(瓶盖按大小、颜色、形状分类)、筛米游戏(一个筛子、大米和花生若干，幼儿可以筛出大米，锻炼幼儿精细动作和小肌肉发展)、舀水的游戏(各种量杯，感知和测量水的多少)、舀豆子(勺子和两种豆子，将一种豆子从一个碗里舀到另一个碗里)……

活动 5　我会节约资源

图 4-2　节约用水标识　　　　　　　　图 4-3　随手关灯标识

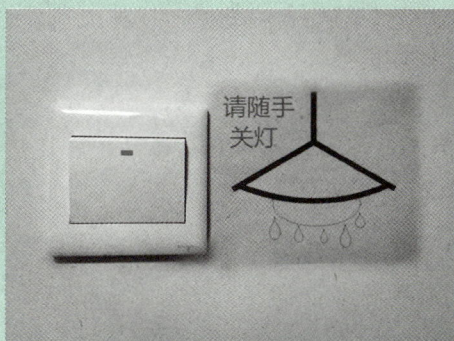

设计说明

幼儿家里有不同的标识提醒幼儿关紧水龙头、随手关灯和随手关空调。

设计目标

(1)培养幼儿良好的生活习惯，节约用电和用水，节约资源；

(2)培养幼儿良好的家庭责任感。

设计建议

节约用电、用水的标识可与幼儿一起制作，加深幼儿对此的理解，共同制定规则更有利于幼儿遵守规则。

活动 6　我是小当家

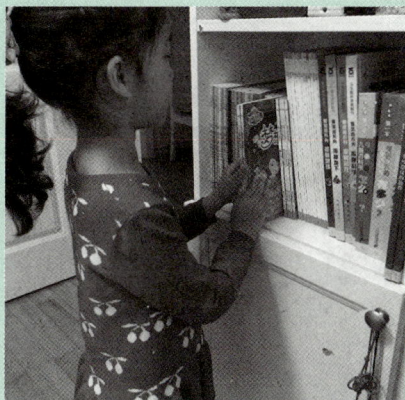

图 4-4　我是图书柜管理员

设计说明

在幼儿的玩具柜上标明责任人是幼儿。

设计目标

(1)培养幼儿的责任感，知道自己作为家庭一员需要管理好自己的物品；

(2)通过整理玩具柜培养幼儿的自信心和自理能力。

设计建议

家长可与幼儿协商，请幼儿管理自己的物品，如鞋柜、衣柜、图书柜等，标明幼儿的责任。

活动 7 我来做标签

设计说明

幼儿学着通过绘画形式制作标签，并将标签贴到对应物品。

设计目标

(1)引导幼儿利用绘画、手工、贴照片等形式制作标签，锻炼幼儿的动手能力和小肌肉协调能力；

(2)加深幼儿对标签的理解能力和管理责任感。

设计建议

标识标签看着很难，实际上可简化标签的制作，如提供不同颜色纸块，引导幼儿用颜色对应。或提供照片、粘勾、瓶盖等，引导幼儿仅通过粘贴的形式形成物品与储物柜/盘/盒一一对应的标签。

活动 8 图书的家

图 4-5 图书我来分

设计说明

幼儿根据颜色、简单的数字将图书分类，不同类的集中存放。

设计目标

(1)让幼儿学习用不同的颜色、数字把图书放好；

(2)取用方便；

(3)培养幼儿良好的生活习惯，养成做事的有序性。

设计建议

4岁以下幼儿可将绘本简单的分类放置，4岁以上的可考虑将绘本做好详细的标签或拍照作为标签。也可请幼儿自己设计各式各样的标签。

活动 9　我来整理玩具

图4-6　我来整理玩具

设计说明

幼儿将自己的玩具按颜色、大小、功能——分开并存储在适宜的储物盒里，不同储物盒也用不同标识分开。

设计目标

(1)培养幼儿整理物品的习惯，锻炼幼儿的生活能力；

(2)幼儿取用方便；

(3)节约空间资源，创设更好的家庭环境。

设计建议

家长可引导幼儿说出自己的物品有哪些类别，并协助幼儿一起将物品分类，再决定每一类放在哪里。

活动 10 先进先出好科学

设计说明

家长带领幼儿感知超市里食品保持先进先出的现象(生产日期在先的放在前面,生产日期在后的放在后面)。

设计目标

(1)让幼儿认识先进先出的概念;

(2)让幼儿明白食品的保质期,培养幼儿关注物品的生产日期与保质日期。

设计建议

家长还可带领幼儿感受乘地铁或公交车要让先下车的人下车,然后乘车的才能上车的现象,感知先进先出的安全性和科学性。

活动 11 我会管理时间

时间	活动
7:00	起床洗漱
7:45	上幼儿园
17:00	户外运动
18:30	晚餐
20:00	洗澡
21:00~21:30	睡前分享和晚安

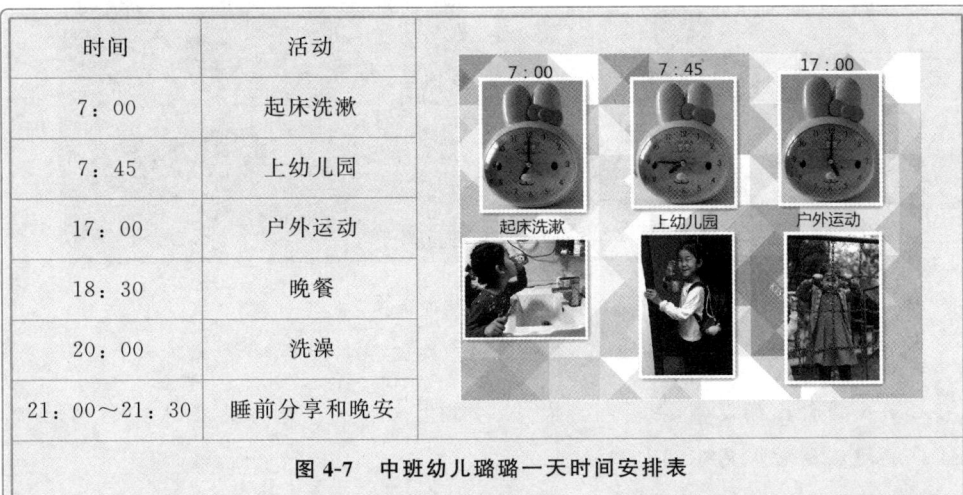

图 4-7 中班幼儿璐璐一天时间安排表

设计说明

幼儿在家的一日作息安排表。

设计目标

(1)培养幼儿做事的计划性;

(2)感知时间概念。

设计建议

家长可与幼儿协商作息时间表,越小的幼儿作息环节越少,越大的幼儿则应细化在家一日活动。当然，也不可强迫幼儿每日均按此作息安排活动，给予幼儿自主调节的空间。

活动 12　每月精彩活动

图 4-8　每月精彩活动做标识

设计说明

幼儿每月的外出或特殊活动均在日历上做标记，如生日、旅游、家庭聚会等活动。

设计目标

(1)引导幼儿每月自主计划活动，培养幼儿做事的计划性和整体思维能力；

(2)引导幼儿回顾每月活动，培养幼儿总结与思考的能力。

设计建议

家长可以与幼儿协商，每周末或每月有哪些活动，想去哪里等，并在日历上做好标记，或采取其他方式记录，如绘画或书写汉字等方式。

活动 13　清洁大扫除

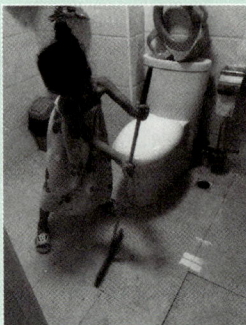

图 4-9　打扫卫生间　　　　　　　图 4-10　清洁桌椅

设计说明

鼓励幼儿清洁自己洗漱后的卫生间。

设计目标

(1)培养幼儿良好的清洁习惯和卫生习惯;

(2)培养幼儿的责任感和对家的归属感。

设计建议

家庭里可每周或两周设置家庭清洁日,与幼儿一起协商如何分工,并渗透打扫的步骤、技能。

活动 14　检查书包

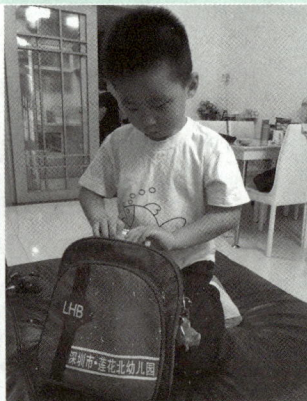

图 4-11　整理书包

设计说明

幼儿检查自己书包的物品是否带齐。

设计目标

(1)培养幼儿做事检查的良好习惯；

(2)消除幼儿的不确定感，培养幼儿的安全感。

设计建议

家长可鼓励与帮助幼儿一起整理第二天上学的书包、衣服；或提醒幼儿睡前刷牙等，让幼儿养成当日事当日毕的习惯。

活动 15　我给植物浇水

设计说明

幼儿拿着喷水壶给植物浇水。

设计目标

(1)让幼儿观察积水的害处；

(2)加强幼儿对问题处理的经验。

设计建议

幼儿对给植物浇水有强烈兴趣，但不易控制浇水量，家长可在喷水壶上设置浇水的高低存量，防止幼儿浇水过多造成积水，影响植物生长。

活动 16　整齐的衣柜

图 4-12　整齐的衣柜

设计说明

将自己的衣服分盒叠好。

设计目标

(1)让幼儿学会自己叠好衣服并有序放到盒里;

(2)养成良好的生活习惯。

设计建议

家庭里有很多琐碎的零件物品或小东西等,要善于利用各种分隔的置物盒放置这些物品,如女孩的头饰、妈妈的各种小化妆品。

活动 17　统计我的玩具有多少

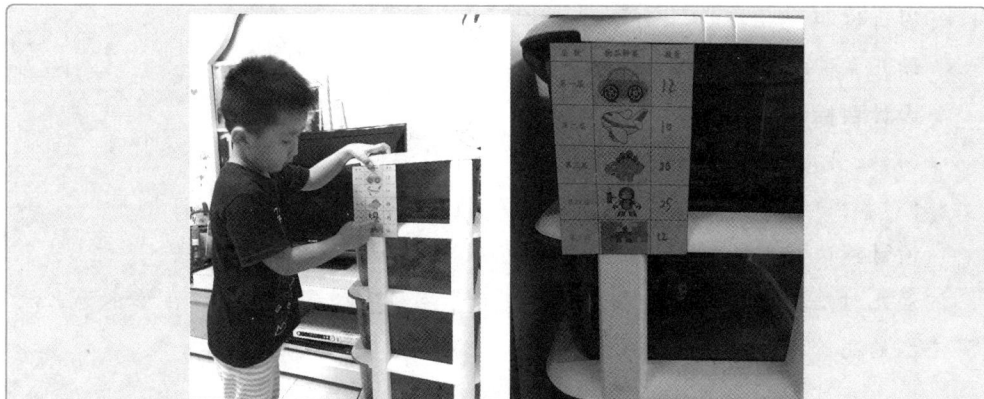

图 4-13　我的玩具数量

设计说明

幼儿统计自己的玩具有多少,并做成存档总表。

设计目标

(1)让幼儿知道自己已经有哪些玩具,做到心中有数,可避免买同质的玩具;

(2)渗透观察能力、数量知识、颜色对应等知识。

设计建议

家长需要协助幼儿设置存档总表,帮助幼儿统计玩具的数量和种类。协商采取何种存档方式,如拍照片或画画或用汉字表示。

活动 18　我会自己叠衣服

图 4-14　幼儿叠衣物

设计说明

幼儿自己尝试自主叠衣服。

设计目标

培养幼儿自主叠衣服、袜子的生活习惯，提高幼儿的生活能力。

设计建议

对于较复杂的步骤，家长可把步骤打印出来，给幼儿提供参考，如洗手、收拾玩具等。

活动 19　讲卫生，好习惯

设计说明

幼儿经常修剪指甲。

设计目标

幼儿定期修剪指甲，加强幼儿对讲卫生的概念。

设计建议

家长应培养幼儿讲清洁、重卫生的习惯。包括刷牙、洗脸、餐前洗手、梳头、更换与清洗衣服、洗澡、如厕后洗手、修剪头发等。可设计一张总表贴在幼儿易看见的地方，加强幼儿的卫生概念。

活动 20　吃饭我最棒

图 4-15　独立吃饭

设计说明

幼儿自主进餐。

设计目标

(1)幼儿养成饭前洗手、坐姿挺直、咀嚼时不说话、不在菜盘里挑菜等习惯；

(2)培养幼儿良好的卫生习惯和进餐礼仪。

设计建议

家人需要做好榜样作用，切不可单方面要求幼儿，自己却饭前不洗手等；也可以利用儿歌等渗透进餐卫生和礼仪的知识，寓教于乐。

活动 21　我会找钥匙

图 4-16　钥匙分类　　图 4-17　我会自己找钥匙

设计说明

家里钥匙(包括大门、房间的钥匙)一一对应。通过颜色对应、数字对应的方式让幼儿了解每把钥匙及对应开的门。

设计目标

(1)让幼儿学会分类、配对、颜色对应等;

(2)让幼儿学会取放合适的钥匙开锁;

(3)渗透安全知识,让幼儿学会在家时的自我保护。

设计建议

家长可以和幼儿一起设计钥匙与门对应的标签,如可以利用幼儿喜欢的动漫人物、动物、家庭人物头像等。

活动 22　空调往哪个方向吹

图 4-18　观察空调

设计说明

在空调上挂上蓝色彩带,观察空调是否开启和吹的风速、风向。

设计目标

(1)锻炼幼儿的目视管理能力,培养幼儿的观察能力。幼儿通过观察蓝色彩带,即可知道空调是否打开及打开的方向;

(2)养成良好的节约用电的习惯,如出门需关闭电器。

设计建议

家庭里除电扇外，空调、冷风机等都可以挂上醒目颜色的彩带。

活动 23　我会放文件

设计说明

家里的文件通过颜色标识按顺序摆放好。

设计目标

(1)幼儿通过颜色标识即可知道文件的取放，保证文件的顺序和正常使用；

(2)加强幼儿的观察能力和目视管理能力。

设计建议

对有顺序的文件可采取简单的颜色管理，如果只需区分种类，种类内部之间没有顺序要求，可每种种类设置不同颜色，同一种类设同一种颜色，如绘本，只需对不同类别分类，不需对同一类别再分类，则可采取比较粗略的颜色种类分类。

活动 24　找一找，哪里坏了

设计说明

幼儿主动发现家里有破损的地方，并贴上 P 牌。

设计目标

(1)自主寻找，并贴上 P 牌，有利于自我提醒小心受伤，培养自我保护的意识与能力；

(2)提醒成人及时修理。

设计建议

幼儿张贴 P 牌后，家长要及时给予幼儿回馈，鼓励和强化幼儿的行为，激励幼儿持续精粹管理。

活动 25 睡前的精粹管理

图 4-19 收拾玩具　　　　图 4-20 准备衣物　　　　图 4-21 整理书包

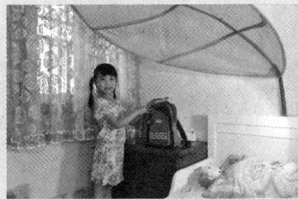

设计说明

幼儿睡觉前需准备第二天衣服和来园物品。

设计目标

(1)让幼儿收拾与整理物品，学会总结；

(2)准备明天所需物品，学会计划。

设计建议

睡觉前需要完成哪些事？每个家庭的事情可能都不一样，家长应与幼儿民主讨论睡觉前应该完成哪些事情以及为什么要完成，取得幼儿的同意后方可执行。在执行中，家长也需及时鼓励和强化幼儿的自我精粹管理。

活动 26 家里的告示板

图 4-22 家里的公告板

设计说明

在家里设置一个板块，记录家里的大事件，包括生日、游玩等。

设计目标

(1)让幼儿学习观察告示板，知道家里接下来的安排，做到心中有数；

(2)渗透认知方面的知识，尤其是认识汉字和了解时间。

设计建议

　　刚开始设置告示板时，在告示板里写的事情需要告知幼儿，告示板可做提醒幼儿或供幼儿查阅的工具。当幼儿熟悉告示板后，可提醒幼儿每天去看告示板。告示板上的表达需符合幼儿的认知水平，幼儿也能看得懂。

活动 27　我是礼貌小榜样

图 4-23　我是礼貌小榜样

设计说明

幼儿在家与长辈有礼貌相处，尊敬长辈等。

设计目标

培养幼儿良好的礼仪习惯，提升其人际沟通技巧。

设计建议

与幼儿就不同的情境开展角色游戏，如扮演客人，幼儿应该如何接待自己、如何介绍家庭环境等。通过角色游戏，渗透礼仪教育。

活动 28　危险标签我知道

图 4-24　有电危险

设计说明

家电上贴有"有电危险"的标识。

设计目标

(1)了解不同的危险提示标识的含义;

(2)学会自我保护,增强自我保护意识与能力。

设计建议

幼儿需要了解"禁止触摸""禁止入口""禁止攀登""禁止进入"的标识含义。除了危险提示标识,家长和幼儿还可设计属于自己的个性化标识或标签,如各自的房间,可设置不同的风格表示这是谁的房间。家长还可借此契机引导幼儿认识生活中常见的标识,如火车站、地铁、出入口、厕所、红绿灯等。

活动 29　按时上学我最棒

图 4-25　按时入园

设计说明

幼儿在家尝试记录每周上学是否迟到。

设计目标

(1)培养幼儿按时上学好习惯,渗透不迟到的良好品质;

(2)感知时间的重要性,并能学会自制统计表和填写每天的上学记录(放学回家后在统计表迟到/准时一栏盖上名字章)。

活动 30　自己的事情自己做

图 4-26　自主收拾玩具　　　　图 4-27　自主穿衣　　　　图 4-28　自主刷牙

设计说明

幼儿在家自主收拾玩具、穿衣和刷牙。

设计目标

(1)培养幼儿爱干净、讲卫生的良好卫生习惯；

(2)激发幼儿的责任心和归属感。

设计建议

　　与幼儿讨论家里哪些事情需要自己做，哪些事情可以一起做，哪些事情可以帮着做，培养幼儿的分工意识、互助意识和集体意识。

三、精粹管理在家庭教育中运用的注意事项

(一)建立民主、平等的亲子关系

　　民主、平等的家庭气氛是幼儿独立生活能力发展的土壤。平等的亲子关系是父母满足幼儿的需要，也是幼儿了解父母的需要。在实施精粹活动的过程中，家长不能对幼儿持独断强制的态度，而应以商量的口吻对待幼儿，比如"你需要帮助吗""我是这么认为的，你是如何想的""这个玩具柜你打算怎么收拾"，等等。一个良好的家庭心理环境，对于幼儿独立能力的培养是至关重要的。

(二)给幼儿决策的权利

　　也许有的家长会说"让幼儿选择不一定正确，因为他们毕竟还小"，其实有些

事情幼儿完全有权利、有能力做出选择，比如，在给图书或玩具找"家"时，家长可以听取幼儿的意见，把玩具或图书放在哪里，并鼓励幼儿应该切实执行所做的决定。这样，由于是幼儿自己选择的，做起事来心情更轻松愉快，这对幼儿的独立性培养来说是一种很好的方式。

(三)证明赞赏，强化幼儿的行为

当幼儿完成某些行为后，请立即给予赞赏和鼓励，当良好行为得到奖励时，幼儿就能主动重复该行为。家长可给幼儿物质上的奖励，如玩具、事物、他(她)盼望的活动等，随着幼儿的进步，可把物质奖励转化为精神上的表扬来强化幼儿的行为。

(四)以身作则，发挥榜样的作用

在实施家庭精粹管理过程中，要充分发挥榜样的作用。如果家长能够养成自我管理的好习惯，成为精粹管理的受惠者，才能将"做事有始有终"的意识灌输给下一代；此外，幼儿若能从成人那里看到正确的待人处事的方式，也会受到影响。因此，家长在实施精粹管理的过程中，要注意以身作则、言传身教，给幼儿树立良好的榜样。

(五)循序渐进，持之以恒

幼儿独立能力需要很长时间才能逐渐养成，在实施精粹管理的过程中，家长不应急于求成，而是应该根据幼儿的能力水平，制定实施步骤和标准，家长还应提醒幼儿每天都要对自己的物品进行检查、整理和清洁，协助幼儿管理自己的生活，直至养成良好的行为习惯。

附录一　五常法

一、"五常法"概念与内涵

"五常法"源自日本，是日本传统的环境卫生观念，也是对物资及流程管理的一种概念。它是指一种能协助机构建立持续改善文化及维持良好品质环境的技术，是一种精确化和规范化的现代管理方法。可以概括为常组织（SEIRI）、常整顿（SEITON）、常清洁（SEISO）、常规范（SEIKETSU）、常自律（SHITSUKE）这五个单词，因日语的罗马拼音均以"S"开头，因此又被称为"5S管理"。

常组织：判断物品的重要性及使用量，例如对物品进行分类存放，把无用的东西弃掉。

常整顿：决定物品的摆放地方和存量，例如工具台上的工具，必须整齐排列，务必在30秒内可找到想要的东西。

常清洁：由上层至下级，经常保持工作环境的清洁、明亮，强调个人卫生责任。

常规范：增加各项物品的"透明度"及贴上合适标记，利用创意及"视觉管理法"。

常自律：用完的工具和物品，必须放回固定的"家"。

"五常法"对于塑造企业的形象、降低成本、准时交货、安全生产、高度的标准化、创造令人心旷神怡的工作场所、现场改善等方面发挥了巨大作用，逐渐被各国的管理界所认识。自1993年起，在中国香港、马来西亚、新加坡、英国、瑞典、澳大利亚以及美国都陆续推行了"五常法"，制造业、医疗业、建筑业、饮食业、服务业、公共事业、教育业等许多行业管理中也应用了"五常法"。

二、五十点"五常法"

1. 常组织：进行分层管理及问题处理

1.1　抛掉不需要的东西或回仓（如：一年内没有用过）

1.2　3-R：环保回收、循环再用和减少用纸

1.3　物品(需要)的低、中、高用量或重量分别存放

1.4　私人物品减至最低(一是最好)及集中存放

1.5　处理肮脏、泄露和损坏的情况及解决及成因

1.6　"一是最好"运用之一：一天工作计划表和排序

1.7　"一是最好"运用之二：一套工具/文具/一页表格

1.8　"一是最好"运用之三：一小时会议(发言精简)

1.9　"一是最好"运用之四：一站顾客服务

1.10　"一是最好"运用之五：物料或文件集中存放(包括计算机 server 内的档案)

2.常整顿：合适的贮存方法和容器

2.1　所有东西都有一个清楚的卷标(名)和位置(家)

2.2　每个分区位置(家)都要有负责人标签

2.3　柜门和出入口的保安(包括钥匙及加上总表)

2.4　文件、物料、工具等要用合适容器(例：五常胶盒)

2.5　存档标准和控制总表(包括高/低数量和日期)

2.6　物流和人流先进先出的安排(左入右出)

2.7　部门、地线、通道、管道及工作证等标志

2.8　整洁的通告板(有大标题、分区和责任人标签)

2.9　明确易懂的通告(包括标题、责任人和除下日期)

2.10　30 秒内可取出及放回文件和物品

3.常清洁：清洁检查和卫生程度

3.1　个人清洁程度的划分及认同(包括高层人员)

3.2　使清洁和检查容易(如：合适地砖和离地 15 厘米)

3.3　清扫那些较少注意到的隐蔽地方(如：防细菌)

3.4　制定清洁和维修检查表(包括虫蚁)和纠正小问题

3.5　地面和整体环境保持光洁、明亮、照人

4.常规范：视觉安全管理和标准化

4.1　清除不必要的门、盖和锁及增加透明度

4.2　现场直线直角式的布置(不阻塞通道和减少碰撞)

4.3　灭火器、警告灯、紧急出口灯箱和走火逃生指引

4.4　危险物(工具和化学物)、机械等安全设施的处理

4.5 现场工作指引和"已检查合格"的标签

4.6 电掣开关和功能卷标及电线的整理(包括离地)

4.7 节省能源方法(如:空调合适温度指针和时段)

4.8 体力处理操作情况的标准和指引

4.9 颜色和视觉管理(如:纸、文件闸、名牌、柜)

4.10 在平面图和现场上加上五常法工作责任标签

4.11 处理噪声、震动和危险情况及其预防

4.12 安全政策的承诺及风险评估

4.13 "小孩也能做得到"的防止出错方法(如:用不同大小的喉管来避免出错)

4.14 园林式的环境(花园式办公室/酒楼/商场/工场)

4.15 设置五常法博物馆(包括改善前后对比的相片)及其他有关职安健的信息栏

5. 常自律:养成良好习惯

5.1 履行个人职责(包括优良工作环境、问责和守时)

5.2 穿上合适衣/帽/手套/鞋/吊带/眼罩/口罩/耳塞等

5.3 良好服务态度的标准和沟通训练(如:魔术语)

5.4 每天收工前五分钟行五常(自己定五点内容表)

5.5 今天的事今天做(包括一天工作计划表和排序、五常和职安工作)

5.6 安全设备及危机处理的计划、训练、演习和记录

5.7 组织架构及服务宗旨放在入口当眼处

5.8 编写和遵守员工《五常法手册》

5.9 定期五常法审核(每季度最少一次)

5.10 百闻不如一见:优良的五常法环境及 KISS

(KISS＝keep it short and simple＝精简为要)

附录二　精粹管理审核表

表 1　幼儿园精粹管理审核总表

审核类别：跟进审核/认证审核　　　审核日期：＿＿＿年＿＿＿月＿＿＿日
园所名称：＿＿＿＿＿＿＿＿＿　　　报告编号：

精粹管理点	不合格（NC）	观察点（OB）	精粹管理点	不合格（NC）	观察点（OB）
1.1			4.1		
1.2			4.2		
1.3			4.3		
数量要素小计			4.4		
2.1			4.5		
2.2			4.6		
2.3			质量要素小计		
空间要素小计			5.1		
3.1			5.2		
3.2			因果性要素小计		
3.3			6.1		
3.4			6.2		
3.5			必然性要素小计		
3.6			总　数		
时间要素小计					

注：1. 上表统计，应用"正"字填写（即正＝5点）

　　2. 违反 5 个或以上相同"OB"点，就等于一个"NC"

　　3. 同一点数只作一个问题点计算

园所代表：　　　　　　　　　　　　审核代表：

姓名：（签署）＿＿＿＿＿＿＿　　　姓名：（签署）＿＿＿＿＿＿＿

职位：＿＿＿＿＿＿　电话：＿＿＿＿＿　职位：＿＿＿＿＿＿　电话：＿＿＿＿＿

表 2　幼儿园精粹管理审核安排表

审核类别：跟进审核　　　　　　审核日期：_____

园所名称：_____

一、现场审核安排：

园所区域		实有数量	预计审核	具体地点	时段安排
班级	大班				
	中班				
	小班				
	办公室				
	功能室				
	库　房				
	厨　房				
	医务室				
公共环境	洗手间				
	走　廊				
	消防设备				
户外	地　面				
	大型设施				
	户外器械				

二、审核反馈时间：_____ 点 _____分　　　　地点：

审核师：

姓名（签署）_____　　　　姓名（签署）_____

参考文献

1. 教育部 . 3～6 岁儿童学习与发展指南［M］. 2012.

2. 史勇萍，霍力岩 . 三位一体课程的实践和探索［M］. 北京：北京师范大学出版社，2016.

3.［美］R. 默里·托马斯著 . 儿童发展理论［M］. 郭本禹，王云强译 . 上海：上海教育出版社，2009.

4. 何广明 . 现代管理"五常法"［M］. 香港：明窗出版社有限公司，2000.

5.［英］卡西·纳特布朗著 . 读懂儿童的思维［M］. 刘焱，刘丽湘译 . 北京：北京师范大学出版社，2014.

6.［日］大西农夫明著 . 图解 5S 管理实务［M］. 高丹译 . 北京：化学工业出版社，2016.

7.［美］盖伊·格朗兰德，玛琳·詹姆斯著 . 早期学习标准和教师专业标准［M］. 刘昊译 . 北京：北京师范大学出版社，2015.

8. 深圳市投资控股有限公司幼教管理公司 . 幼儿园学习环境的创设［M］. 北京：北京师范大学出版社，2014.

9. 谭淑玲 . 亲子五常法［M］. 香港：博益出版集团有限公司，2006.

10. 山下英子著，吴倩译 . 断舍离［M］. 南宁：广西科学技术出版社，2014.

11. 深圳市投资控股有限公司幼教管理公司 . 培养健康宝宝第二节育儿讲堂演讲录［M］. 深圳：深圳报业集体出版社，2014.

12. 施燕，韩春红 . 学前儿童行为观察［M］. 上海：华东师范大学出版社，2015.

13. 吕梁，杨志洪，方飞虎 . 流程型企业 5S 攻略［M］. 北京：机械工业出版社，2014.

14. 董旭花，王翠霞，阎莉，刘霞 . 幼儿园创造性游戏区域活动指导［M］. 北京：中国轻工业出版社，2015.

15. 董旭花，刘霞，赵福云，韩冰川 . 幼儿园自主性学习区域活动指导［M］.

北京：中国轻工业出版社，2014.

16. 林嘉绥，李丹玲，学前儿童数学教育［M］. 北京：北京师范大学出版社，2014.

17. 刘占兰 . 学前儿童科学教育［M］. 北京：北京师范大学出版社，2015.

18. 祝士媛 . 学前儿童语言教育［M］. 北京：北京师范大学出版社，2015.

19. 王乃正，王冬兰，张小永 . 学前儿童家庭教育［M］. 北京：北京师范大学出版社，2013.

20. 郭力平，谢萌 . 幼儿园玩教具配备、设计制作与应用［M］. 北京：中国轻工业出版社，2014.

后 记

幼儿园精粹管理是深圳市莲花北幼儿园借鉴五常法，运用"六要素法"进行理论研究和实践探索后，形成的适用于学前教育机构精细化、专业化管理的方法。精粹管理以幼儿的发展为管理的核心和归宿，以康德哲学理论为指导，结合行为主义、建构主义等儿童发展理论，将管理活动作为幼儿园的隐性课程发挥教育功能。

目前，我国幼儿园管理的理论更多是借鉴企业管理的基本框架，尤其是在管理的理念、管理原则等方面。但是管理的价值始点及其归宿最终是由管理对象的性质所决定，幼儿园管理可以从企业管理中获得许多可以借鉴的实践经验，而不是进行简单地套用。因此，我们借鉴五常法，立足于幼儿园工作实际，以幼儿发展为核心，在教育教学、保育保健、行政总务等方面进行精细化管理，其宗旨与效果是为幼儿创设有质量的一日生活，实现幼儿优质成长、教职工专业发挥、幼教行业全面提升的效果。并基于对精粹管理近 9 年的探索与实践，编著《幼儿园精粹管理》一书，本书记录了精粹管理理论建构和实践探索历程和成果，从精粹管理的内涵、发展历程和实践指引，以及家庭中的精粹管理等方面全面展现了莲花北幼儿园管理理念和实践。希望能够为促进我国在该领域的研究方面贡献微薄之力。

回望过去，从 2008 年初开始接触到五常法管理，到创生出幼儿园精粹管理，再到今天成书出版，凝聚了莲花北幼儿园每位教职工的努力和智慧。正是因为他们的专注、坚持和创新精神，才成就了精粹管理，直至掀起全市幼儿园学习精粹管理的浪潮！也正是因为他们精益求精的精神，使精粹管理的现场得以完美呈现，为本书提供了大量的经典案例，使得本书更加完整和精彩！在此，向莲花北幼儿园全体教职工表示诚挚的谢意和敬意！他们是：陈晓燕、林美香、张莉雯、崔土江、李红、李萧、何静霞、潘艳、黄燕凌、肖婷、谭晶洁、黄小青、秦谊、张燕云、邓茂婷、王辰如、徐梦圆、莫摇蓝、罗婉冰、王田田、许兴玲、李华、刘明珠、夏喜、张颖、陈晴、张虹、曹芝莲、钟桂连、孙孝英、张华清、钟兰珍、刘丽芬、赖光敏、文红梅、罗夜明、周憬、王淑华、陈珊、叶根寅、王元来、刘石林、李桂兰、肖龙云、曹钦。

在精粹管理的探索和建构中，得到了诸多领导、专家、同行的关心、支持与帮助。深圳市教育局吴筠副局长、马芹娣处长和王素娟科长，从宏观角度为精粹管理的建构提供指导；深圳市深投幼教管理中心一直关注着精粹管理的研究进程，特别成立了"幼儿园精粹管理运营小组"，由韩智部长、张敏老师和刘健老师专职负责精粹管理推行的外联工作；香港五常法协会何广明、温秀娴、袁群娇、潘海天等五常法管理优秀审核师从实践现场的角度给予我们帮助和鼓励；深圳市教育科学研究院科研管理部黄积才主任，从科学研究角度为精粹管理理论的建构给予我们有价值的学术指导，使得我们受益匪浅；感谢深圳市第九幼儿园和爱爱教育中心松和幼儿园为本书提供了部分案例！

值此书完稿出版之际，再次感谢莲幼教职工团队一直以来所付出的努力，感谢各位领导、专家、同行对我们鼎力支持！

由于水平有限，书中不妥及疏漏之处，恳请各位读者批评指正。